中华先烈人物故事汇

刘志丹

军事科学院解放军党史军史研究中心

学习出版社

目 录
Contents

引 子

　　本书的主人公刘志丹，是一位从陕北大山里走出的热血青年，是美国记者埃德加·斯诺笔下的现代侠盗罗宾汉，是被毛泽东题词赞誉的"群众领袖，民族英雄"，是中国工农红军的高级将领，忠诚的共产主义战士，杰出的无产阶级革命家、军事家，陕甘红军和陕甘革命根据地的主要创建者。

　　刘志丹，名景桂，字子丹，后为表达为国家为民族献身的志向，取"留取丹心照汗青"的诗意，改"子丹"为"志丹"。1903 年 10 月 4 日，出生于陕西省保安县（今志丹县）金汤镇。早年就读于永宁山高等小学，后考入陕北联合县立榆林中学，逐步接受马克思主义理论并积极参与领导进步学生运动。1924 年冬加入中国社会主义青年团，1925 年春转为中国共产党党员，同年冬受党组织派遣考入黄埔军校第4期。毕业后被派往冯玉祥部从事政治工作，参加北伐战争。1927年大革命失败后，担负中共陕西省委秘密交通工作。1928年年初，率一批干部到豫陕边界地区开展农民运动。同年4月，参与领导渭（县）华（南）起义，成立西北革命军，任西北工农革命军军事委员会主席。1930年10月，领导太白起义，组建陇东地区党领导下的第一支革命武装——南梁游击队。

1931年10月，南梁游击队与陕北游击支队会合。根据当时全国抗日运动日益高涨的形势，部队后改称为西北反帝同盟军，之后又改编为中国工农红军陕甘游击队、中国工农红军第26军，刘志丹历任副总指挥、总指挥，与谢子长一起率部转战陕甘边，开辟以照金、南梁为中心的陕甘边苏区。

1933年10月4日，刘志丹由南山脱险回到照金，即被任命为陕甘边红军临时指挥部副总指挥兼参谋长。11月后，历任红26军42师参谋长、师长。1934年2—6月，指挥部队经30多次战斗，挫败国民党军对陕甘边苏区第一次"围剿"，建立陕甘边工农民主政府，进一步巩固和发展了革命根据地。同年5月，任中共陕甘边军事委员会主席，后兼任军政干部学校校长。

1935年2月，刘志丹任中共西北工作委员会委员、西北革命军事委员会主要负责人。5月，刘志丹任西北革命军事委员会前敌总指挥部总指挥，经过两个多月的机动作战，粉碎了国民党军对陕甘边苏区的第二次"围剿"。8月，在陕北、陕甘边苏区粉碎国民党军的第三次反"围剿"中，刘志丹指挥红军主力，歼灭国民党晋绥军1个团，迫使晋绥军主力撤回黄河东岸。陕北、陕甘边两块苏区连成一片，成为中共中央和各路北上抗日红军长征之后的落脚点、开创革命新局面的出发点。9月，红26、红27军与长征到达陕北的红25军会师，组成红十五军团，刘志丹任副军团长兼参谋长。后任西北革命军事委员会后方办事处副主任、红军北路军总指挥、第28军军长和中共中央所在地瓦窑堡警备司令等职。

1936年3月，刘志丹率红28军参加东征战役。4月14日，在率部攻打山西省中阳县三交镇（今属柳林县）的战斗中英勇牺牲，时年33岁，成为东征中牺牲的职务最高的红军领导人。

为了纪念刘志丹，1936年6月，中共中央决定将他的家乡保安县改名为志丹县。1943年4月23日，在延安举行近万人参加的刘志丹公祭大会。5月2日，在志丹县举行公葬大典，毛泽东、朱德、周恩来等领导为刘志丹题词。

斯人已逝，精神永辉。刘志丹坚守共产主义理想，坚定革命事业必定成功的信念，鞠躬尽瘁、死而后已，把自己的一生都献给了党和人民。刘志丹为革命舍生忘死、百折不回，面对血与火的残酷斗争，始终"走最艰难的路，挑最重的担子，过最热烈紧张的生活"。刘志丹为百姓不计私利，全心全意为人民服务，始终关心群众疾苦，维护群众利益，"牺牲后，老百姓伤心得很，这说明他是真正的群众领袖"。刘志丹为组织坚持原则，始终坚持以大局为重，在遭受挫折和不公正待遇时，都反复强调革命利益高于一切，悉心维护来之不易的革命事业，甚至宁可自己受苦含冤，也要维护团结、顾全大局。

"正月里来是新年，陕北出了个刘志丹……"这首传颂刘志丹的信天游至今仍在黄土高原上深情回响……

01 少年"叛逆子"
热血好青年

"桂子月中落"

陕北位于我国黄土高原的中心部分，地势西北高、东南低，因地处陕西的北部，所以称作陕北。这里是农耕文明与游牧文化交汇融合之地，自然环境恶劣，自古就是鏖战的沙场。这里的居民，相传多为古代兵将的后裔，性格宽厚豪爽、坚忍顽强、刚直尚武。

1903年10月4日，刘志丹出生在陕北洛河川上的保安县金汤镇一户书香门第。金汤镇城池不大，离县城100多公里，虽然是一个偏僻的小镇，但因地理位置重要，在历史上也曾小有名气，自秦以来多在此屯兵驻守。居住在这里的人们，大多依照山势挖出一口口窑洞安家，靠耕种贫瘠的土地生活。尽管如此，也有一些不甘心永远贫穷和落后的家长，节衣缩食，把孩子送去读书。从小在艰难中生活的孩子们，也知道要想改变自己的命运，只有发奋学习。于是，这偏远的黄土高原也出了许多杰出的人才。

刘志丹的祖父刘士杰，清朝同治年间拔贡，以教书为业，性格刚正，仗义疏财，常为乡亲们主持公道，深受百姓敬重。父亲刘培基，清朝延安府秀才，先随刘士杰在私塾教书，后在金汤镇民团做过短时副官（文书），还开过铺子经商，最后回家务农。母亲王茂女，是金汤镇上一位通情达理的农家女子。

这是中秋节的前一天晚上，刘士杰正坐在书桌前，批改着学生的卷子，忽然听到窑洞里传来了一阵婴儿清脆的啼哭声。他急忙走出窑洞，这时院子里的桂花散发着阵阵幽香，头顶皎洁的明月挥洒下片片银辉。当得知生的是男孩后，刘士杰高兴地捋着花白胡子，说："好呀，我们刘家可盼来了个后生，就叫他'来生'吧。"

刘老先生欣喜地吟诵起初唐诗人宋之问的诗句："桂子月中落，天香云外飘。"随即铺开宣纸，提笔端端正正地写下：乳名"来生"，学名"景桂"，字"子丹"。

刘志丹非常聪明、机灵，惹人喜爱。从小受到祖父的熏陶和影响，五六岁时，就能认得很多字，还能够背诵一些古诗。他喜欢听祖父给他讲古今英雄人物的故事，特别是李自成领导起义农民建立大顺政权、推翻明王朝的事迹，对他幼小的心灵产生了深刻的影响。

从6岁起，刘志丹进入祖父开办的私塾，学习四书五经。

与父亲刘培基希望的相反，刘志丹非但没有为了攀门第而和当地富户、地主的孩子搞好关系，反而和家里的长工、庄上的穷娃娃走得很近，相处得非常好，农忙时刘志丹还随长工上山劳动，甚至在家里教穷娃娃读书识字，成为父亲口中的"叛逆子"。

1919 年春天，15 岁的刘志丹离家到永宁山（保安县城所在地）县立高等小学读书。因为他从小跟着祖父读书，作文很好，就直接插班到最高班。当时学校只有 2 名教师和 20 多个学生。一名教师是清朝时的文拔贡，头上留着长辫子，讲的是八股文；另一名教师是西安师范的毕业生李子才，除了教国文外，还教算术、地理、音乐等。李子才拥护孙中山的主张，经常向学生宣传民主和科学，反对封建礼教，提倡男女平等，受到了学生的尊敬和群众的欢迎。

刘志丹除了学好各门课程外，还经常阅读一些提倡民主、反对封建礼教的文章，这使他对当时社会的认识不断深化。他常常在心里寻思这样一些问题：中国这么大，为什么却这样穷？人民的生活为什么这样苦？统治者为什么这样腐败无能？清朝已经推翻了，地主老财为什么还欺压穷人，却没有人来管？

刘志丹脑子里的问号越来越多，便去请教李子才。李子才很喜欢这个爱动脑筋想问题的学生，他告诉刘志丹，腐败的清朝统治者虽然被推翻了，但是封建军阀代替了封建皇帝的统治，实质上是换汤不换药，都是欺压人民的一丘之貉。改变这种黑暗社会的办法只有一个——革命！只有革命才能改变中国黑暗的社会制度。

从此，革命这个词就深深地刻印在刘志丹的头脑中。刘志丹非常爱看"闲杂"书籍，同学曹力如和王子宜都曾积极帮助他找书。永宁山虽然是一个巴掌大的小山寨，但过往行人也留下不少的书籍，几乎都被刘志丹找来读过。读书成了他每天生活的第一需要，同学们都亲切地称刘志丹是"钻书虫"。

一天中午，同学王子宜来找正在看书的刘志丹，一把抢下他手中的书，说道："你这'钻书虫'，快让脑子休息一下，我们去永宁山上吃杏去。"

正当他们在山顶登高望远、感慨世事时，忽听得山下传来一阵又一阵的喊声："'硬肚'（言传刀枪不入的人）来了，'硬肚'来了。"刘志丹他们从山顶上望下去，只见建在山上的保安县衙"吱呀、吱呀"地放下吊桥，警察们恶狠狠地扑向"硬肚"，刚一靠近，就开了枪。"硬肚"的血肉之躯怎么能抵挡得住子弹呢？顿时倒下 10 多人，其余的只好退去。警察们又追了一阵子，抢了附近百姓的牛羊，这才返回永宁山。

刘志丹看得义愤填膺，不禁咬牙切齿地说："将来一定要学李自成，带领千军万马把这些警察强盗都打倒！"

王子宜看着怒火中烧的刘志丹，赶忙上前拉住他，说："这些'硬肚'不也是在学李自成吗？警察手里有枪，我们怎么斗得过他们？"

刘志丹一时也思绪如麻，说不出个所以然来，只好挥挥手说道："走吧，还是回去'钻'书吧。"

一波三折入榆中

寒假到了，刘志丹以优异的成绩从永宁山高等小学毕业。保安县也第一次培养出了刘志丹、曹力如、王子宜等 12 个高小毕业生。县官为了彰显政绩，举行了隆重的毕业典礼，为毕业生们披红戴花，请他们在县衙大堂上吃了一顿丰盛的宴席，还差报童往家里送大红纸帖子报喜，一下子成了一件轰动全县的大事。

刘志丹在离开永宁山时，就和曹力如、王子宜商定好，第二年春天一起报考榆林中学。刘志丹拿着毕业证书回到家里，祖父喜形于色地说："我们刘家出了人才！"父亲闻讯也从金汤镇上赶回来看儿子，高兴地说："这下好了，我做生意正缺少帮手，不要再去读书了，就在家跟着我学做生意吧！"而刘志丹坚决不肯跟着父亲学做生意，一心想报考榆林中学，将来要立志报国。

1920 年春天，报考的时间到了，父亲坚决不让刘志丹去。祖父也认为保安离榆林太远，那里又是个"邪说怪论"很多的地方，不放心让孙子去。虽经刘志丹再三要求，母亲也帮着做工作："叫娃去，念书是好事情，咱们在家里殷勤些、俭省点儿，几十块钱的学费算什么呢！"但终因闹土匪、路不通、长辈反对，刘志丹没考成榆林中学。

这一年，刘志丹的父亲刘培基惹上官司，被扣上"聚众闹事，对抗官府，图谋造反"的罪名。

后经人出面调和，刘培基花了大钱才了结此案。从此以后，刘家的家境逐渐败落下来。1921 年，支持刘志丹上学的母亲去世了。一连串的家庭变故和求学的艰难，让刘志丹更加深切地感受到生活的不易和社会的黑暗。

刘志丹不能去报考榆林中学，就在家里下地干活，手上很快起了老茧，脸也晒黑了，人也变瘦了。长工张万银看着刘志丹，心疼地说："你是个念书人，跟我一块吃苦把你糟蹋了，这样下去，你要把书忘光的，你应该出去当个官呀！"

刘志丹说："在家种庄稼，总比出去当官欺压老百姓好。"

张万银说："你们刘家的大人、娃娃都对穷人好，你尽管出去做事，有我在家里给你们种庄稼，你们刘家是我们一家的救命恩人。"

刘志丹摇着头说："你不能这么说，不种庄稼，我们一家人吃什么？你才是我们的大恩人呢！"

张万银望着刘志丹说："咱们陕北要是出个能人，把这不合理的世道改一改，让穷人不受气就好了。"

刘志丹坚定地说道："我发誓，一定要为穷人办事！"

这年5月，父亲给刘志丹定了一门亲事，为的是早些娶过来媳妇，给家里增加一个劳动力，也好侍候年老多病的祖父。女方是九咀坡同家的同桂荣，也是大户人家子女。刘志丹和同桂荣成亲后，看她能劳动、人品好，虽然是包办的婚姻，但也觉得满意。刘志丹教同桂荣认字，给她讲反对封建礼教，讲提倡男女平等，两人感情很好。

婚后的生活并没有泯灭刘志丹的求学之心。在祖父的支持下，父亲也想通了。他卖掉家中的羊毛、羊皮，东拼西凑了几十块银圆作为盘缠和学费，让刘志丹去投考他梦寐已求的榆林中学。

陕北联合县立榆林中学是当时陕北23个县中唯一的一所中学。校长杜斌丞是西北著名教育家和政治活动家，后来成为中国民主同盟的领导人之一，毛泽东曾为他题词："为人民而死，虽死犹生。"杜斌丞改革校政，支持学生爱国运动，聘请进步人士到学校任教，陕西共产党的创始人之一魏野畴，还有李子洲等，都曾经是榆林中学的老师。

榆林中学实际上成了当时陕北进步文化的摇篮和堡垒。谢子长、高岗、柳青等，都曾是榆林中学的学生。

考试的那天，第一场是国文，试题是"士先器识而后文艺"。刘志丹一看试题，心里大喜，铺纸提笔，从当今的社会黑暗，人民的生活痛苦，写到青年人要有抱负，树立为国尽忠出力的雄心壮志，要救国救民，就要努力习文练武，只有有学问才有用处。他借题发挥，把自己对社会的不满，对光明的追求，全都写了进去，不知不觉2000多字的作文一气呵成。

监考的是位清朝遗老，在榆林知识界算是一个名流。刘志丹交卷后，监考官拿起他写的卷子看了几眼，连连摇头，很快就放下。刘志丹一看监考官的表情，感到自己的作文有些不合"时局"，可能考不上了，便悻悻走出了考场。

其他几场考试，试题都不复杂，刘志丹很快就答完了。他打定主意如不能被录取，就四处游历，把社会当作学校，同样也能学到救国救民的本领。出榜时，他无心去看，一个人躲在小店里读起书来。

早已在榆林中学上学的王子宜和曹力如，在学校看了榜以后，高兴地跑来向刘志丹报喜。他们见刘志丹一个人在看书，就拉住刘志丹，说："你这个'钻书虫'，这么大的喜事不去看。"

刘志丹放下书，抬头问道："这年头能有什么喜事呀？"

曹力如说："去看榜呀！"

刘志丹又拿起书："我作文不合考官心意，不会被录取，哪有心思去看榜！"

王子宜惊讶地问道："你还不知道？"

曹力如抢着说："你考了第 5 名！"说罢，拉起刘志丹，向外跑去。

原来，正如刘志丹所料，那位监考官认为刘志丹的作文荒诞奇怪，写法不按八股套路，主张也不可取。但校长杜斌丞说，他出这道考题，就是为了发现人才，所以他亲自看了刘志丹的考卷，不禁拍案叫好，称赞刘志丹肯动脑子，肯想问题，有创新精神，有文采，字工整，应该取第 1 名。大家争论一番，最后给刘志丹排到第 5 名，录取到乙班上课。

刘志丹看到自己被录取了，非常高兴，随即取文天祥《过零丁洋》中"留取丹心照汗青"之意，将"子丹"改为"志丹"，以示自己一生丹心报国。

学运领头人

刘志丹入学时，正赶上五四运动和新文化运动的影响波及陕北。尽管榆林中学在外地有些名气，但学校里的守旧势力还是很强的，大多数教师是死教书、教死书。榆林中学的学生好像与世隔绝一样，对国家发生的大事，几乎是一无所知，连丧权辱国的"二十一条"草案，在学生中也没有引起多大的反应，甚至学校还被陕北军阀、镇守使井岳秀控制着。

面对榆林中学的这种情况，刘志丹非常不满。他首先代表延安地区 10 个县的学生，向学校提出成立学生会，让学生代表参加校务会，改变学校里死气沉沉的局面。校长杜斌丞同意学生们的要求，但却被井岳秀否决了。

杜斌丞为了给学生增加新的知识，在学校办起一个图书室，里面有许多从北平带来的进步书刊。刘志丹非常喜欢这个图书室，他说这里有新鲜空气，使人精神振奋。他一进入图书室，就如饥似渴地读起书来，并认真地做笔记，特别让他高兴的是在这里了解到了马克思、恩格斯、列宁这些伟大的人物，以及他们从事的人类最伟大的事业。于是，刘志丹向全校同学提出成立读书会的倡议，并且带头在自己班上成立了读书会。在刘志丹的带动和影响下，全校各班都先后成立读书会，平时冷冷清清的图书室，一下子变得热闹起来，同学们都将图书室看成是一块"新天地"。

这时，校长杜斌丞聘请魏野畴来榆林中学任教。魏野畴原在北平高等师范学校读书，是五四运动的活跃分子之一，后来发起组建进步青年革命组织共进社，并成为该社的领导人之一，1923年年初由中国社会主义青年团转入中国共产党。

魏野畴很快就发现刘志丹是一个充满革命激情的热血男儿，便将《共产党宣言》《国家与革命》《向导》和《新青年》等进步书刊推荐给刘志丹等人阅读，让刘志丹明白了很多革命道理。

在魏野畴的推动下，刘志丹与一些进步同学联合起来，再次向校方提出成立学生会的要求，得到校长杜斌丞的支持。学生会如期成立，刘志丹被推举为会长。在刘志丹的领导下，学生会的工作开展得轰轰烈烈，他们号召学生罢课，迫使校方作出让步，最终取得学生代表参加校务会议的权利。学生会在魏野畴的帮助下，积极组织全校学生开展各种活动，先后成立了"社会科学研究会""文艺研究会""话剧研究会"和"体育研究会"等进步学术组织，还办起平民小学，成立戏班子。刘志丹亲自担任"班主"，自编自演新戏。学生会还创办《塞声》和《榆中旬刊》，宣传新思想，批判旧礼教，提倡民主、科学，介绍马克思主义，传播革命思想，受到全校进步师生的热烈欢迎。刘志丹出色的表现，在全校同学中赢得了很高的威望，深得同学们的信任，成为大家公认的学生领袖。

榆林中学的进步思潮，引起了守旧势力杜斗魁等人的不满和警觉，他们向校方发难，迫使魏野畴辞职。不久，杜斗魁借其侄子杜自生因不排队洗澡，而与管理人员争吵打架一事找到学监，扬言要去见"井岳秀大人"，还威胁说这是刘志丹几个"异端分子"在闹事，要学校开除刘志丹等学生会的领导人。学生会马上开会研究对策，认为这本来是件小事，既然杜斗魁一伙守旧势力要小题大做，加之学生们早就对杜斗魁一伙赶走魏野畴不满，正想和杜斗魁闹一场，于是决定举行罢课。

恰好，此时陕西省教育厅的一个姓赵的督学来到榆林视察。杜斗魁得知消息后，赶忙请来了赵督学。

胖胖的赵督学由学监和杜斗魁陪着，带着两个保镖，给学生们训话。他一开口就说："我早就听说榆林中学有'过激派'，果然不假。这学生会就是过激组织，必须马上取缔！"

学生们一听赵督学胡说八道，顿时骂声四起，会场大乱。

刘志丹走上前质问道："你如果真是督学，就应该把事情弄清楚，主持公道。你要是啥都不懂，请不要在这里乱讲话。"

杜斗魁指着刘志丹，对赵督学说："就是他领头闹事，他叫刘志丹，快抓他！"

赵督学赶忙命令保镖去抓人，学生们呼啦一下围上前去，把刘志丹护了起来，大声喊道："不许胖猪抓学生！"并高喊："赶走胖猪！"这一下学生们积压了许久的愤怒，都集中爆发到赵督学身上，大家把赵督学驱赶出了学校。

第二天，外出聘请教师的校长杜斌丞回来了，他一看把学校闹成这个样子，赶忙找来刘志丹询问情况，责怪自己用人不当，马上答应学生们的正当要求，并让杜自生退学了。

榆林中学送走魏野畴，很快又请来了李子洲、王懋廷、王森然等老师，他们的进步思想深深地吸引着刘志丹。

1924年秋季，李子洲、王懋廷在陕北建立社会主义青年团的支部，刘志丹成为榆林中学第一批团员，后任共青团榆林支部书记。1925年春，成立党支部，刘志丹又是第一批转为中国共产党党员，并担任党支部委员。22 岁的刘志丹从此把自己的命运和中国的革命紧紧地联系在了一起。

1925 年 4 月，陕西学生在党的领导下，开展驱逐北洋军阀、陕西督军吴新田的运动。5 月 4 日，吴新田出动军警镇压，在西安打伤了 50 多个游行的学生。榆林中学学生会立即组织学生进行声援。早已把学生运动看成"眼中钉"的井岳秀，以"犯上作乱"的罪名，勒令学生会停止活动，企图逮捕刘志丹等骨干。刘志丹等毫不畏惧，进行了针锋相对的斗争，提出"反对军阀干涉教育"的口号，团结全校师生，扩大斗争范围。井岳秀恼羞成怒，派兵包围榆林中学，要搜查"闹事者"。刘志丹立即组织学生关闭校门，在学校周围站岗放哨，不准反动士兵进入。榆林各界进步人士，得知消息后，纷纷表示强烈不满。榆林中学的学生大多是陕北各县有钱人家的子弟，也有各县官员的子女，刘志丹借机发动外地来的学生动员家长，一齐向井岳秀施压，有的写信抗议暴政，有的直接找井岳秀质问，有的还跑到西安去告状。不多时，井岳秀派兵包围榆林中学的事，就轰动了陕北，甚至还传到了西安、北平等地。井岳秀见事情越闹越大，如热锅上的蚂蚁坐立不安，下令镇压吧，又怕引起全陕北乃至全国的公愤；不下令吧，这口气又难以下咽，一时间束手无策。最后，井岳秀不得不撤去军队，全部答应学生的条件，连他儿子也从榆林中学退了学。

02 黄埔砺筋骨北伐初建功

投笔从戎

1925年，为统一陕西全省的学生运动，党组织决定由魏野畴主持召开陕西省第一届学生联合会代表大会。7月，刘志丹被选为会议代表，赴三原参加陕西省学生联合会代表会议和共进社第二届代表大会。

消息传出后，同学们都来向刘志丹表示祝贺。高兴之余，大家又纷纷替刘志丹发愁，因为从地处塞北的榆林，到位于泾渭平原靠近西安的三原，要走半个多月，算上开会，往返得40多天，没有

30 多块钱是下不来的。同学们省吃俭用也只凑了七八块钱。

曹力如说："要是赶上刚开学那阵子就好了，如今谁的钱也不多，我这儿还有几件衣服可以当几块钱。"

"对，我还有件棉袍也能当两块钱。"

刘志丹想了想，笑着走到桌子前，把大家凑起来的钱拿在手里说："有这些就足够了，靠卖东西是卖不了几个子儿的，大家就不必再破财了，我自有办法。"

原来，刘志丹想出一个解决路费的办法：当时陕西的交通非常不方便，尤其是陕北地区更为闭塞。从关中、西安来往榆林的行客、商人，大多数靠一双腿，有一点钱的，就雇上一个"赶脚"。陕北人民生活苦，许多穷苦人都拉上一头毛驴干上赶脚这一行。刘志丹和两个来榆林做生意的关中商人讲好了，给他们往关中运货，他们给刘志丹支付赶脚费。当时，陕北的毛驴价钱非常便宜，只需几块钱就能买到一头很好的毛驴。于是，刘志丹就用大家凑的钱买了一头毛驴，准备赶脚去开会。

当时在陕北流传着一首歌谣，真实地唱出了赶脚人的劳苦："七十二行，赶脚的最忙，半夜才能睡，鸡鸣就得起。世上的人，赶脚的最苦，出的牛马力，挣的血汗钱。"刘志丹赶着毛驴，驮着商人的货物，晓行夜宿，向关中方向跋涉。一路上，刘志丹给两个商人讲解国家大事，讲述军阀混战给人民带来的痛苦，两个商人受到了教育，懂得了一些革命的道理。他们感到这个文静的赶脚人，不但能吃苦，而且很有学问。当他们知道刘志丹不是专门的赶脚人，而是为了解决到三原开会的路费，才想出赶脚这个办法时，非常感动。他们不但给了刘志丹双倍工钱，而且还管了饭。

头顶烈日，脚踩黄土，经过半个多月的艰苦跋涉，刘志丹到达了目的地。之后，他把毛驴牵到集市上卖了，赶脚费和卖毛驴的钱加在一起，不但解决了开会的费用，而且连回去的路费也够了，还能拿出钱给同学们买一些书。

就这样，当刘志丹赶到三原时，"学代会"已经结束，他只赶上参加共进社的会议。刘志丹被选为共进社审查委员会委员，在会上作了关于榆林地区共进社活动情况的发言，并满怀激情地为大会题词："共进！共进！同志引着被压迫民族，向帝国主义者进攻！不惜牺牲，杀开血路！前途自有光明与幸福！"

当时，广州正处于大革命的高潮。孙中山在十月革命的影响下，与中国共产党合作创办了一所革命军事学校——黄埔军校，为的是"用这个学校内的学生做根本，成立革命军"，广州充满着反帝反封建、革命救国的浓厚氛围。

1925年秋的一天，魏野畴老师找到刘志丹说："党组织决定派一批榆林中学的进步青年赴广州黄埔军校学习，你是否愿意去？"

刘志丹听后高兴极了，紧握着魏老师的手说："这是多么难得的机会呀！我愿意！"

魏野畴接着说："我们党的著名领导人周恩来是黄埔军校的政治部主任，还有一些教官也是共产党员，你一定能够从他们那儿学到不少东西……这可是投笔从戎，你要考虑周到。"

刘志丹坚定地说："古人云'虽有文事，必有武备'，对付军阀，没有革命的军队怎么能行？我服从党的决定，今后就当一名革命军人！"

刘志丹要到黄埔军校去学习的消息，很快就传遍了学校，许多进步的同学都跑来祝贺。但是，校方却舍不得让这个高材生离开，不让刘志丹去。经过刘志丹的一再请求和说服，学校只好同意了。但是，到广州去上学不同于去三原开会，用赶脚的办法是解决不了路费问题的，刘志丹必须先回家想办法筹钱。

榆林到保安的 250 多公里路程，刘志丹日夜赶路，跋山涉水，只用 3 天时间就回到家乡。这时，祖父已经去世，一切事务都由父亲做主。

刘志丹回到家里的第二天上午，父亲从金汤镇回来，他一见刘志丹就问道："怎么没有毕业就回来了？"

"我是回来要一些钱，到广州去上黄埔军校。"

"不行！到那么远的地方学什么，就在地方上做事吧。"

"我到黄埔军校学习军事，是为了将来更好地为人民做事。"

"当初你到榆林上中学时，我就不同意。现在你又要去广州学军事，我更不能同意。"

经过刘志丹的一再请求，父亲还是坚决不准。无奈，他只好另想办法。

同桂荣特别了解刘志丹的远大志向，她心里虽然不愿让丈夫离开，但为了帮助刘志丹实现所追求的目标，毅然拿出了结婚时亲戚给的 20 块拜礼钱，给刘志丹当路费，这让刘志丹很是感动。但这钱还是不够，还得再想其他办法。

一天，刘培基让二儿子刘景范去吴起镇卖羊皮。刘景范收拾好羊皮后，来请刘志丹和他一块去卖。刘志丹一听，不由得喜上心头，便和弟弟赶上毛驴，驮着羊皮向吴起镇走去。

两兄弟出了芦子沟，刘景范看着一路沉默的大哥，问道："父亲不给你钱，你准备怎么办呢？"

刘志丹笑着说："办法是有的，就看你肯不肯帮助了。"

"我一定帮助你。"

"那好。"刘志丹指着羊皮，"把卖羊皮的钱给我当路费。"

刘景范犹豫了一下说："能行。"

刘志丹沉思了一下问道："你怎么向父亲交代呢？"

"为了支持大哥上黄埔军校，我豁出来让父亲打骂一顿。"

刘志丹高兴地拉着刘景范的手，说："谢谢我的好弟弟！"

刘志丹兄弟赶着毛驴很快就进了吴起镇，把羊皮卖了 20 多块钱。见到钱还不够，刘景范想了一下说："大哥，干脆你把这头毛驴骑到榆林卖了，你把卖驴的钱也拿上。"

"这怎么行呢？父亲一定不会轻饶你的。"

"由他打骂吧！我也跟着你走革命的路。"

兄弟俩在小饭铺里吃了饭，刘志丹告别了弟弟，骑着毛驴向榆林方向出发。之后，到榆林城又将毛驴卖了 10 块钱，到广州的路费总算解决了。

临走那天，送行的同学很多，学校无形中停了课。临别时，同学们慷慨激昂地朗诵起刘志丹写的《爱国歌》，为他们壮行——

"黄河两岸，长城内外，炎黄子孙再不能等

待。弯弓持戈，驰骋疆场。快，内除国贼，外抗强权，救我中华万万年。"

军校历练

刘志丹与同乡二人结伴而行，先渡黄河，经山西、河北到达北平，与党组织接上关系，通过入学考试后，被黄埔军校录取。刘志丹等人十分高兴，拿上介绍信赶赴天津，然后走水路乘船南下。

经过多日的颠簸，先是到达上海，他们借宿在上海大学。当时魏野畴正好在上海开会，听说来了陕北的学生，就跑来看望，师生相逢。刘志丹在魏野畴的介绍下，在上海大学作了讲演，介绍了陕北学生运动的情况。同时，也亲身感受到了上海大学的革命热潮。他们在上海住了几天后，又坐船继续向广州进发。

船在海上又颠簸了几天，才开进珠江口。船靠码头后，刘志丹等人下船上岸，看见一个非常英武的军人，手里拿着一面小旗，上面写着："黄埔军校接待站"。

刘志丹走上前问道："同志，到黄埔岛怎么坐船？"

"你们是到黄埔军校学习的？"青年军官很热情，"跟我来。"

黄埔岛离广州15公里，一上船，大家又谈论起来。刘志丹说："现在军阀互相争夺势力范围，把老百姓害得无法生活，许多有识之士认识到，不搞自己的武装不行了。大家都心向广州，我们一路上见到不少的青年，大都是来上黄埔军校的。"

就这样，黄埔军校成为刘志丹军事生涯的第一站。刘志丹等人被领到校部报到后，编进入伍生团，换上军装，开始了军校生活。3个月的入伍生教育训练很快结束，刘志丹顺利通过升学考核，成为黄埔军校第4期正式生，被编入步科第1团2连，后来又转入炮科大队。

军校生活十分紧张，除了军事课、政治课，晚上还有各种会议，投身社会工农运动和政治宣传的实践也很频繁，党内学习抓得很紧。《社会进化史》《社会科学概论》和一些马列的著作等，都是必读的书目，每星期都要开时事讨论会、党内生活会。刘志丹很快就熟悉了军校的情况，融入了新的火热的斗争生活。

刘志丹自进入黄埔军校起，心情一直很激动，决心要为无产阶级的解放努力学好本领。他听了周恩来、恽代英、萧楚女等人关于《武力与民众》《军事运动和农民运动》等的讲演，眼界更加开阔，受到极大鼓舞，决心要以周恩来等共产党员为榜样，为中国人民的解放挑最重的担子，吃最大的苦，走最艰难的路，为无产阶级的革命事业作贡献。

刘志丹上课时，听讲十分认真，很受老师们的称赞；军事训练时，他不怕苦不怕累，操练非常刻苦。同学们见他个子不高，瘦瘦的身体，文文静静，像个学者，都以为他练刺杀不行，没想到他练起刺杀来，一气儿能战胜几个人，同学们都吃惊地称赞他的勇敢精神。

由于过度劳累和水土不服，刘志丹的身体出现了不适。一天起床后，他强撑着出了操。收操后突然发高烧，昏迷不醒，同学们赶忙将他送进医院。经医生诊断，他患了急性痢疾，连打几天针，依然不见好转。刘志丹双目紧闭、奄奄一息，医生都认为他挺不过来了，准备把他送进太平间。但刘志丹凭借坚强的意志，在同学们的照料下，终于战胜死神并把学习坚持下来。他还在病床上满怀激情地给榆林中学的王子宜写信，建议他毕业后回家乡，从教育入手，发展一批有觉悟的青年加入组织，准备迎接革命高潮的到来。

1个多月后，刘志丹能下地走动了。这时，学校里传来消息：国民政府准备开始北伐，第4期学生要提前毕业，参加北伐。刘志丹听罢，兴奋得没等痊愈就提前出了院。

整顿旧军队

1926年7月9日，刘志丹在广州参加了国民革命军举行的北伐誓师大会后，带病随东路军出发，一路势如破竹，连连奏捷。刘志丹随连队行军作战，沿途还积极向群众作宣传，虽日夜操劳不停，但精神上从未有过如此的兴奋。当时，北伐军所到之处，广大的农民都热烈欢迎。作战时，农民们自发组织起来，送粮送水，运军火，抬担架，侦察敌情，传送情报，有力地支持了北伐军作战。这使刘志丹更加清楚地认识到，农民是推动北伐战争胜利的真正动力，农民是革命最忠诚的战友。

当东路军开进到江西吉安时，刘志丹忽然接到命令，要求他立即返回广州，接受新的任务。原来是赴苏联参观考察的冯玉祥回国后重振旧部，出任国民军联军总司令。在共产党人的建议下，联军制定了"进军西北，解围西安，出兵潼关，策应北伐"的战略方针。随即冯玉祥在绥远五原誓师，率部出兵援陕参加北伐，并向黄埔军校要干部。考虑到刘志丹是陕北人，熟悉那一带情况，自然就成了最佳人选。

1926 年 10 月，刘志丹从黄埔军校毕业，与唐澍、王尚德等被派往国民军联军工作。刘志丹被分配到联军驻陕总部政治部任组织科科长。不久，作为冯玉祥的少将特使，前往宁夏第 4 路军马鸿逵部任党代表兼政治处处长，帮助马鸿逵整顿队伍。

马鸿逵原是吴佩孚手下的一个军长，冯玉祥五原誓师后，马鸿逵见吴佩孚大势已去，就宣布倒戈，投靠冯玉祥，其所部被编为国民军联军第 4 路军。马鸿逵同意出兵南下，解西安之危。但是，冯玉祥带兵开往西安前线后，马鸿逵却按兵不动，而且还派人和吴佩孚暗中来往，并放出消息说要将冯玉祥来使斩首示众，以定军心。

刘志丹得知此情况后，仍毫不畏惧，继续催马向固原疾驰。途中巧遇马鸿逵派去给吴佩孚报信的一个连长，刘志丹义正辞严地对这个连长说："你们已经投了冯玉祥将军，但还与吴佩孚暗中勾搭，这种脚踩两只船的做法，是没有好下场的。现在广东革命政府领导北伐，已经攻克汀泗桥，进逼武昌城，吴佩孚的队伍正在节节败退，即将全军被歼。眼下虽有他的残部围困西安，但西安固若金汤，军民斗志昂扬；冯玉祥将军率领的国民军联军，正在西安四郊进行战斗准备，广大人民群众积极支持，西安之围指日可解。到那时你家司令得罪了冯将军，绝对不会有好果子吃，恐怕连你们这些下级军官们也一起跟着倒霉，你们应该认清形势。"

刘志丹一席话，让那个连长不禁点头称是，脸上露出惊恐之色。刘志丹又说："你先回去给马司令报个信，再到吴佩孚那里领赏。就把我刚才说的那些话，说给你们的司令，并告诉他，就说我听说他心存不善，我回陕西向冯玉祥将军复命去了。"

报信的连长掉头就往回跑，见了马鸿逵，原原本本地说了一遍。马鸿逵一听这般，急得直跺脚，忙叫人准备宴席，并带领一众亲信，催马扬鞭，亲自来请刘志丹。

刘志丹得知马鸿逵来请，就和随从们佯装往回走。马鸿逵追上后，堆着笑脸，请刘志丹到司令部去。途中，马鸿逵见刘志丹谈吐文雅，气宇不凡，心里十分敬佩，也很想借助刘志丹的能力，来整顿一下自己这群乌合之众。宴席间，见到手下的师、团长们，对刘志丹竭力巴结讨好，不禁对刘志丹说："我想请刘将军用你在黄埔军校所学，

对第 4 路军进行训导，以便听候冯大帅命令，出师参战。"

这一请求，正合刘志丹的心意，他便答应道："请司令放心，我一定尽力效劳。"

马鸿逵部多系回族，实行的是封建家长制和雇佣军教育，所以官兵只知道马大帅，不知道有国家。刘志丹来之前，就听到这样一个故事：冯玉祥检阅马鸿逵军队时，问官兵："你们为谁当兵？"官兵答："为马大帅当兵！"冯玉祥又问："你们是谁的军队？"官兵答："是马大帅的军队！"冯玉祥看了一眼身旁的马鸿逵，讥讽地说："你的军队就是不为老百姓啊！"马鸿逵满脸通红，又羞又气。要把这样一支封建军队脱胎换骨，改造成"老百姓的军队"，需要做极其艰苦细致的工作。

刘志丹首先说服了马鸿逵，在营以上部队都设立政治机构，配备政工干部，建立政治工作制度，反对打骂士兵，废除对逃兵割耳朵、打军棍、揭背花等酷刑。

随后，刘志丹脱下将官服，穿上士兵的服装，深入到士兵当中。行军时把马让给病号骑，住宿时组织官兵帮驻地群众干活，晚上还查铺、查哨，找人谈话。他教育官兵们参加革命的军队，就要有革命的行动。

由于回族士兵和下级军官大都出身穷苦，经革命思想教育后，觉悟迅速提高。刘志丹的周围很快就团结起一批进步官兵，工作起来顺当多了。他接着又制定新的军容风纪，开展整军和练兵，使军队面貌起了明显变化。看到部队进步明显，马鸿逵对这位年轻干练的共产党人刮目相看。但还有些军官对新的制度不在乎，打骂士兵、克扣军饷、抢老百姓的东西、调戏民女的事时有发生。刘志丹对这些违法乱纪的军官，不论是谁，都要进行撤职查办，毫不例外。

马鸿逵见刘志丹这样认真执行纪律，就在背地里嘱咐他身边的人不要胡来，要有点革命的样子。刘志丹经常苦口婆心地向大家讲："既然是革命的军队，就要遵守革命的纪律，谁不遵守革命的纪律就要严厉制裁！"

虽然当时正值隆冬，西北高原天寒地冻，又连降大雪，但第4路军在刘志丹的教育下，灌输了新思想，增强了战斗力，克服了许多困难，终于按时开到西安前线，和冯玉祥部队一起在广大民众的支持下，于11月28日打败刘镇华部，解了西安之围。在庆祝胜利的大会上，冯玉祥嘉奖了第4路军，并赞扬："马将军进军神速，治军有方！"马鸿逵赶忙说："哪里，哪里！还是冯帅派来的刘志丹治军有方，我五体投地佩服刘将军！"

收编镇嵩军

1927年4月12日，正当全国革命形势向前发展的时候，以蒋介石为代表的国民党右派露出反共反革命的真面目，突然在上海发动反革命政变，以暴力手段"清党"，大肆屠杀共产党员和革命群众。继而，在南京另行成立代表大地主大资产阶级利益的"国民政府"。而此时由广州迁到武汉的国民政府还是革命的，于是形成宁汉对立的局面。4月19日，武汉国民政府誓师继续北伐。随后，冯玉祥所部被武汉国民政府改编为国民革命军第二集团军，东出潼关，鏖战中原。

而在解围西安战斗中被冯玉祥赶出陕西的老牌军阀刘镇华，带着残部万余人逃到河南，伺机蠢蠢欲动。冯玉祥本想消灭他，奈何一时抽不出兵力，便写了一封劝降信，派刘志丹作为自己的代表，与刘镇华谈判收编。

刘志丹接到命令后，立即带领一个排的骑兵向刘部出发。而狡猾的刘镇华，表面上同意接受改编，但仍企图盘踞豫西保持地盘。

刘志丹到达时，刘镇华正在抽大烟，抬眼一看，见是一个年轻人，也没起身，赖在床上懒懒地问："老冯有信吗？"

刘志丹看着刘镇华那副装腔作势的样子，轻蔑地笑了一声，将信甩在刘镇华的面前。

刘镇华拿起信一看，才知道面前这个年轻人，原来是刘志丹，是冯玉祥派到马鸿逵部队的那个政治处处长。赶忙从床上爬起，说道："老夫老眼昏花，有眼不识泰山，还请刘将军不要见怪，多多包涵。"

刘志丹义正辞严地说："你追随吴佩孚，围困西安 8 个月之久，造成成千上万的人被饿死，犯下滔天罪行。现在你又祸害豫西人民，真是罪恶多端！但冯帅念及豫西人民的生命财产，以及你部士兵的生命，不忍刀兵相见。望你弃暗投明，幡然悔悟，接受国民军的改编，走上新生的道路。"

刘镇华被刘志丹说得目瞪口呆，就在此时"呼"地一下，从门外拥进来几个龇牙咧嘴、满脸横肉的家伙，大声喊道："你是从哪里来的小娃娃？竟敢对我们大帅如此无礼，抓起来！"

刘志丹从椅子上站起来，走到这几个家伙的面前，"嘿嘿"地冷笑了两声，斥责道："怎么，你们几个难道要胁迫本代表不成？本人既敢代表冯帅来收编你们，早就把生死置之度外。你们倒应该好好想一想，如果继续祸害人民、危害革命，将会死无葬身之地！"刘志丹目光坚定、正气凛然："我代表冯帅告诉你们，我们的等待是有限的。"

老奸巨猾的刘镇华见状，赶忙堆起笑脸对刘志丹说："刘将军息怒，刘将军息怒！"他又转过脸，对那几个他预先安排好的部将斥责道："大胆，无礼！还不退下去！"

刘镇华转脸又赔着笑对刘志丹说："刘将军，请你别把那几个无礼的东西放在心上。咱们是一个'刘'字分不开——一家子嘛！我接受改编，服从冯帅的指挥就是。不过要请刘将军回去向冯帅美言几句，我们的驻地最好不动。"他说着，又拿出重金赠送，企图收买刘志丹。

刘志丹一听，好嘛，不离开自己的驻地，那改编不就是一句空话吗？刘志丹推开重金，严词怒斥："请你少来这套把戏，金钱在革命者面前，就是粪土。你接受改编，就是一切都得听从冯帅的调遣，不服从就开战。"

刘镇华哪敢打呀，只得无可奈何地服从冯玉祥的调遣。

时势造英雄，此时的刘志丹虽然只有 23 岁，但在完成一个又一个艰难险重任务的考验中，迅速成长起来。迎接他的将是更加残酷的腥风血雨，更加艰苦卓绝的革命斗争。

03

建军多磨难
踏血勇前行

渭华起义红旗展

正当北伐节节胜利之时，革命形势急转直下。1927年6月下旬，冯玉祥在蒋介石"清党"的指令下，将刘志丹等国民革命军第二集团军中的共产党人"礼送出境"。7月15日，以汪精卫为首的武汉国民党中央和国民政府也公开宣布"分共"，对共产党员和革命群众民实行大逮捕、大屠杀。

轰轰烈烈的大革命失败了，中国革命形势迅速转入低潮。

血的教训使年轻的共产党人认识到军事的极

端重要性。

8月1日，在以周恩来为书记的中共中央前敌委员会的领导下，贺龙、叶挺、朱德、刘伯承等人率领党所掌握和影响下的军队2万多人在南昌举行起义，打响了武装反抗国民党反动派的第一枪，标志着中国共产党独立地领导革命战争、创建人民军队和武装夺取政权的开始。

之后，八七会议总结大革命失败的教训，确立了实行土地革命和武装起义的方针，湘赣边界秋收起义、广州起义等一系列起义相继爆发。10月，在中共陕西省委的领导下，唐澍、谢子长等人组织领导陕北军阀第11旅3营等部1000余人，发动清涧起义，打响了西北地区武装反抗国民党反动派的第一枪。

清涧起义失败后，陕西省委又筹划发动一场规模更大的武装起义，起义的主要力量是由中共控制的新编第3旅旅长许权中（中共党员）部。

1928年年初，返回陕西后负责省委交通联络工作的刘志丹，与唐澍、谢子长、廉益民、吴浩然等大批的军事精英，被陕西省委陆续派到许权中旅。

刘志丹等根据中共中央和陕西省委指示精神，在该旅驻地洛南三要司和河南卢氏一带，帮助地方党组织开展农民运动，恢复和发展农民协会，建立赤卫队，开展反对土豪劣绅的斗争，迅速扩大革命影响。

4月中旬，渭华塬上爆发农民暴动。陕西省委认为，起义的时机已经成熟，要求部队立即开往渭华地区。同时发动三原"交农"围城斗争和旬邑起义，与渭华起义相呼应。

按照陕西省委指示，4月底，许权中旅开赴华县高塘镇，宣布起义，将部队改编为西北工农革命军，唐澍任前敌总指挥，刘志丹任军事委员会主席，刘继曾任政治委员，许权中任军事顾问兼骑兵队队长。

起义指挥部就设在华县高塘镇小学院内。院内有一条为纪念李大钊遇难而铺在地上的长达20米、宽2米的巨幅标语："踏着先烈的鲜血前进啊。"刘志丹看到这幅标语感到很振奋，就在前面加了"同志们赶快"5个字，就成了保存至今的15个大字标语——"同志们赶快踏着先烈的鲜血前进啊"。

1928 年 5 月，渭华地区武装斗争风起云涌，很快形成了以华州高塘、渭南塔山为中心的约 200 平方公里的红色区域。革命力量迅速发展，使国民党反动当局大为恐慌，调集了 3 个师及渭华地区反动民团前去"镇压"，斗争形势空前严峻。

第一波次的"镇压"，敌人出动了 1 个旅，唐澍和刘志丹判断敌人从渭南县城出发后，妄图经龙尾坡攻打塔山，便商议在段家村附近设伏，同时组织群众和自卫队配合部队参战，很快打垮了敌人。

不久，敌人又发动了第二波次的"镇压"，出动 1 个师的主力，并且由一些地主民团配合，兵分多路从东西两面进攻，妄图将起义军分割成若干块，一举攻占高塘镇。当时，革命军还没有游击战的经验，不能有效地集中兵力各个击破，只能拉开战线、全面阻击，与数倍之敌打硬仗、拼消耗，虽英勇地打垮敌人一次又一次进攻，但自身伤亡也很大。

6月19日，国民党3个师再次发动进攻。刘志丹主持召开西北工农革命军军事委员会扩大会议，决定向秦岭以南撤退。刘志丹率部在高塘附近的骆驼渠，阻击数倍于己之敌，掩护司令部和伤员撤退。与此同时，在唐澍的指挥下，五六百名手持长矛、锄头的农民，英勇地击退自赤水西川进攻的敌人。完成阻击任务后，革命军相继撤退到洛南两岔河，又遭敌重兵"镇压"，被迫转移蓝田地区，最后只剩下不到200人。6月下旬，起义军失败，唐澍等大批革命志士壮烈牺牲，保留下来的部分革命力量转入隐蔽斗争。7月初，中共陕东特委在蓝田召开军事会议，刘志丹在总结起义失败教训时，严肃指出了起义中政策上一些"左"的错误，如"光杆"斗争、军事冒险、脱离群众等。

渭华起义虽然失败了，但它是大革命失败后，中国共产党在西北地区组织的规模最大的一次武装起义，是刘志丹创建革命军队的起点。

国民党军队后来占领起义指挥部院子，却没有发现那条15个字的标语。原来是战士和村民们提前在标语上铺上厚厚的黄土，掩盖了起来。直到新中国成立后有知情者说出这个秘密，标语才得以重见天日。

搞兵运巧夺民团

渭华起义失败后，刘志丹躲过敌人的通缉，按照中共陕西省委指示返回陕北。依靠党在保安县负责人王子宜的帮助，刘志丹谋得县教育局督学一职，以巡视教育为名在全县各处走动，安排党员和进步人士在几所小学任职，以学校为立足点，开展革命工作，很快就打开了局面。刘志丹与曹力如、王子宜在永宁山上创建起保安县第一个党支部——中共永宁山党支部。

当时保安县有一个民团，团总路仰之是个横行霸道、作恶多端的坏蛋。他与保安县县长矛盾重重，老百姓也从心眼里恨透了这个家伙。刘志丹等人决定，策划一次团总选举，把路仰之赶下台，夺取民团领导权。

于是，刘志丹等人分头准备，动员地下党同志到县城挨家挨户去串联，揭露路仰之贪污公款、敲诈人民、欺压百姓的罪行，发动群众到县政府去告路仰之的状。又派认识地方绅士的同志，到反对路仰之的绅士家中去做工作，争取他们赞成改选民团团总，把路仰之赶下台。

很快舆论四起，人们纷纷议论："听说路团总派人下乡收捐，逼死人命啦！""路团总又盖房子又买地，他一年要刮多少地皮呀！"还有的人讲："听说刘志丹回来了，要做团总啦！他要是当了团总，老百姓就好活啦！"在县长那里，也天天有人告路仰之的状，控告他压迫人民，贪污公款，逼死人命。几天以后，也有绅士们去找县长建议改选民团团总。迫于多方压力，县长终于同意。党组织指派刘志丹和曹力如二人作为候选人，参加竞选。

选举会场设在县立高小的教室里，县长亲自主持。临到开始时，路仰之突然对县长说："外面还有十几个原乡的乡绅代表要求参加选举。"这些人显然是路仰之事先花钱雇来的，场面瞬间发生了变化，路仰之占据优势。

此时此刻，同志们有些着急。但见刘志丹不动声色地递给王子宜一个字条。王子宜打开一看，上面写着"学生"二字，顿时心里明白了。不一会儿，就动员来了 20 多个学生，要求参加选举。刘志丹便对县长说："既然老百姓可以参加选举，学生当然也可以参加。"县长只好答应。

填选票时，路仰之的人傻眼了，他们大字不识一个。没办法，只得请学生代写选票。这些学生都是拥护共产党的，他们在自己的选票上和代写的选票上，都写上刘志丹、曹力如。然后给对方看，"你看看 3 个字，路仰之，是不是啊？""啊，是是是，那就交上吧。"就这样，路仰之雇来的人，稀里糊涂地投了刘志丹、曹力如的票。

选举的结果自然是一边倒，刘志丹、曹力如当选正副团总。但一个乡间的旧民团，力量还小，算不上是真正的革命武装。刘志丹把民团加以整顿、建立起党组织后，就交由曹力如管理。从此，他集中精力从事兵运活动，探索创建革命武装的新方式。

1929 年 4 月，刘志丹来到距榆林古城约 3 公里的红石峡，参加中共陕北特委第二次扩大会议。会议提出"变敌人的武装为革命的武装"思想，并根据刘志丹的意见，决定采取"三色"的斗争形式开展武装斗争，创建人民军队。"三色"即把在国民党军队里面搞兵运称为"白色"，把争取团结绿林好汉、哥老会、土匪称为"灰色"，把建立自己的武装称为"红色"，并强调就是要搞"红色"的、"灰色"的和"白色"的。会议选举刘志丹担任陕北特委军委书记，并主持特委工作。同时决定，将重点放在"白色"，也就是兵运工作上。

刘志丹掌握了民团，拉起了队伍，成为地方一些军阀拉拢的对象。因为这些军阀没有什么政治信仰，只看实力，谁能拉来队伍就认谁。加之，1928 年到 1930 年持续 3 年的北方 8 省大饥荒，导致上千万人死亡、众多老百姓流离失所。走投无路的百姓，有的上山当了土匪，有的加入军阀部队，这都为兵运创造了条件。不久，谢子长、刘志丹等人又打入宁夏的苏雨生等地方军阀部队，开展兵运工作。

三道川遇险 太白镇夺枪

1930年春，苏雨生在军阀争斗中失利，退往陕西邠县（今彬县），投靠杨虎城。谢子长、刘志丹脱离苏雨生部，乘陇东民团军总司令谭世麟扩充势力之机，加入谭部。刘志丹率领的100余人编为谭部骑兵第6营，刘担任该营营长。不久，谢子长又将民团杨庚武部的周维奇营拉到谭世麟部。此时，地主武装张廷芝也率部加入谭世麟部，与刘志丹、周维奇所部合编为谭部直属第3团，谢子长任团长，团部驻扎在三道川。刘志丹、周维奇和张廷芝分别任第1、第2、第3营营长。

张廷芝与刘志丹可以说是从小到大的宿敌，他一想起刘志丹来，又气又急，又怕又恨，无奈打也打不过，没有什么办法。有一天，他忽然想起周维奇，认为这是个色迷酒鬼，完全可以收买。瞅准了对象，他就摆起丰盛酒席，把周维奇请到驻地，引诱其上钩。先是入寨门时赠送一匹沙鬃大红马，又是在酒席间赠送两包大烟土、200块大洋。正在周维奇感激不尽时，张廷芝示意浓妆艳抹的小妹陪酒吃饭、大献殷勤，弄得周维奇神魂颠倒。眼见鱼儿已经咬钩，张廷芝便说道："周营长，这是我家小妹，还未许配给人。如果你不嫌丑陋，就许配给你为妻，不知你是否愿意？"

周维奇一听，简直乐蒙了，赶忙离席下拜："只要小妹能够看得上小弟，我哪有不愿意的道理？"

当下，张廷芝就将小妹许配给周维奇为妻。周被哄得团团转，一再说："张兄，你对我的恩德，我这辈子给你当牛做马都报答不完。你有什么事要我帮忙，就只管吩咐。"

张廷芝见他完全上了钩，就叹气说道："也没啥大事，只是我的队伍在下马关，我想把队伍接回来。你知道，我现在是个光杆司令，一个人怕路上不好走呀！"

周维奇赶忙说："张兄，你不必担心，我派人保护你把队伍接回来。"

酒席从中午直喝到太阳落山，飘飘然的周维奇当晚就洞房花烛。第二天，周维奇骑着沙鬃大红马返回后，当即抽调20多名精干士兵，配备全营最好的武器，每人各配长短两枪，保护张廷芝前往宁夏下马关往回接队伍。

很快，张廷芝接回队伍后便把这20多名士兵缴了械，并派人请周维奇前来赴宴以示感谢。毫无防备的周维奇一到便被摁在凳子上。

周维奇看着凶相毕露的张廷芝，说话也结巴了："内、内兄，你这是何故？"

张廷芝用枪顶着周维奇脑门说："刘志丹和我走的不是一条道，他这支队伍不能在陕北存在。现在，你带着我的人马回去，下令全营投降。"

周维奇只好乖乖带路返回，他的200多人刚从睡梦中惊醒就被缴了械。

随后，张廷芝带着气焰嚣张的兵马直奔2公里外的三道川团部，叫嚣要活捉谢子长。

一眨眼的工夫，匪兵就包围了村子，杀了进去。张廷芝一脚踢开谢子长住的窑洞门，朝炕上连开数枪，按亮手电一照，炕上空无一人，一摸被子还有热气，他气急败坏地叫道："跑了，快追！肯定跑到张沟门刘志丹的 1 营去了。"

其实，谢子长闻讯后赶忙穿上了一个老百姓的衣服，但是张廷芝的人不认识谢子长，见人就问谢子长在哪儿，谢子长回答说"走了、走了"，就跑了出来。

张沟门是刘志丹 1 营营部和 1 连的驻地，距离也就两三公里。1 连哨兵听见动静，连开几枪。连长听到枪声，立即集合队伍，但敌人已经冲进院子。终因力量悬殊，全连大部分被迫缴械，只有连长带领 10 多个人冲出去，跑去给 2 连送信。

没等赶到 2 连驻地，2 连已被张廷芝派出的另一路骑兵缴了械。

事发之时，刘志丹正在从庆阳返回驻地三道川的途中，他发现情况后急忙躲避追捕，连夜上了永宁山。就这样，刘志丹和谢子长历尽艰难困苦搞起来的一支革命武装，尚未打出红旗，就被张廷芝搞垮了。

当时，陕北的消息传递很慢，由于谭世麟未能及时获悉"三道川事件"，仍请刘志丹继续担任他的骑兵第6营营长，并要求驻太白镇的第24营协助刘志丹扩充部队。刘志丹决定将计就计，缴第24营的枪。

1930年9月28日，刘志丹带着不到30人，穿着谭部军服，打着谭部骑兵第6营旗号，大摇大摆地来到太白镇。一连两三天，都在一家烧房（酿酒的作坊）里设宴款待第24营的官兵，一面摸清敌情，一面喝酒麻痹敌人。10月1日早晨，刘志丹以商量借粮为由，将第24营营长、副营长骗出击毙。枪响为号，刘志丹带去的人立即动手，已经喝得酩酊大醉的该营第1连官兵，哪里还有战斗力，乖乖缴了械。接着一鼓作气，又将驻在附近的第2、第3连全部缴械。

太白镇夺枪，刘志丹以智取胜，以少胜多，为当地百姓除了一害。在刘志丹的影响下，很快就用收缴的50多支枪，又拉起了一支四五十人的游击队，打土豪、除劣绅，队伍很快扩大到200多人。刘志丹还抽出部分枪支给当地赵连璧（赵二娃）等农民武装，帮助他们在太白、南梁一带发展壮大。

1930 年 10 月，刘志丹和谢子长来到绥德合龙山，参加了中共陕北特委第三次扩大会议，研究开展武装斗争的问题。会议决定合并党、团、工会、农会等组织，成立陕北总暴动行动委员会，谢子长、刘志丹分任正副总指挥。刘志丹认为基层武装斗争更为重要，请求辞去特委军委书记一职，回陕甘边从事兵运工作。特委同意了他的意见。

邠县受挫　合水脱险

1931 年 2 月，刘志丹率游击队转移到合水县，与赵连璧、贾生财、同守孝等几支农民武装会合，在麻峪村进行了整编，把原来零散的农民武装组织到一起，建立党的基层组织，加强教育和改造。同时，借助饥民反抗情绪和兵运斗争中培养的军事干部，很快又拉起革命队伍。

当地军阀对游击队的发展壮大十分恐慌，派兵前来"围剿"。游击队在转移途中，遇敌突袭，部队被打散。刘志丹带着突围出来的 100 多人，被困在子午岭深山老林的破窑里，大雪封山，弹尽粮绝，冻饿交加，身陷绝境。刘志丹派人以哥老会的身份，做通小石崖民团工作，建立联合友好关系，游击队才得以到小石崖短暂休整。

这时，刘志丹接到中共陕西省委的指示，要他再次到苏雨生部队搞兵运活动，以便把苏雨生争取过来，组织一次大暴动。驻守邠县的苏雨生知道刘志丹毕业于黄埔军校，一直十分钦佩他的才能，正想拉拢刘志丹帮他带队伍。于是，就把刘志丹所部编为他的补充团，刘志丹任团长。

刘志丹带着队伍进驻职田镇后，每天都深入到群众中进行调查研究，到群众家访贫问苦，宣传革命道理。很快就打开了局面、站住了脚。被发动起来的群众纷纷要求打土豪，许多青年要求参加队伍。

一天，部队向当地有名的大财主刘日新家筹集粮食，他家虽有存粮很多，可依仗着儿子在国民党省党部做官、有钱有势，拒不出粮。在部队支持下，群众冲进刘家，打开粮仓分粮，又挖出埋在地下的许多金银财宝。刘日新一气之下，上吊自杀。其他地主老财、反动分子借机制造舆论，联名状告刘志丹，说渭华暴乱的匪首又在作乱。

这时，苏雨生催促刘志丹尽快来邠县相见。省委也指示刘志丹尽快促成苏雨生部队起义，建立正规武装。刘志丹只好带着警卫员前往邠县。

苏雨生亲自带队出城数里迎接，热情招待后，起义之事顺顺当当商谈完毕，苏雨生又执意挽留刘志丹多住几天。盛情难却，刘志丹只好再住两日。

直到要返回的前一天晚上，已经上床休息的刘志丹，忽然听见窗外有响动，接着从外面飞进来一个纸团。刘志丹捡起一看，上面写着："事情有变，请多小心！"未署名。刘志丹感到事情蹊跷，连忙叫来警卫员，吩咐道："你赶快回职田镇，恐有意外，叫他们加强戒备。"

警卫员刚走，苏雨生就派人来请，说是有要事相商。刘志丹来到苏雨生的客厅，只见苏雨生神色不安地在屋子里来回踱着步子。

"苏旅长，深更半夜了，有何重要事情？"刘志丹问道。

苏雨生叹着气说:"事情坏了,今天下午西安来了一道密令,要我把你扣留起来,把你的部队缴了械,将你解往西安。"

刘志丹"呼"地一下站起来,走到苏雨生面前,目光逼视:"你设的什么圈套?他们怎知道我在这里?"

苏雨生哭丧着脸说:"老弟,西安方面给我拨了一个营,实际上是来监视我的,什么事他们都能知道。"

刘志丹冷笑了一声,轻蔑地说:"我原来交了一个胆小鬼朋友!你看着办吧。"

这时,门外传来两声枪响,刚派回去的警卫员负伤闯进来,说道:"团长,苏雨生这个坏蛋,已经派了一个骑兵团和一个步兵团,包围职田镇去了。我要来向你报告,他们还把我打伤了。"

"卑鄙!"刘志丹指着苏雨生的鼻子愤怒地骂道:"这笔血债,一定要你这个无耻小人偿还的!"

刘志丹被捕,敌人滥施酷刑,折磨得刘志丹遍体鳞伤。补充团一部被缴枪,一部失散。刚刚建立起来的武装,再次被破坏。

得到消息的中共陕西省委随即展开营救，在陕西省政府主席杨虎城的秘书长、共产党员南汉宸和高级参议杜斌丞的斡旋下，杨虎城冒险写了手令，下令释放刘志丹。杜斌丞假借检阅部队的名义，亲自到邠县营救出了刘志丹。

出狱后刘志丹来到平凉，按照陕西省委指示，在陇东军阀陈珪璋部继续从事兵运活动。

此时，陈珪璋处于不同派系军阀的围攻之中，要想保住地盘，就得找朋友来帮助，只有扩大势力，才能抗衡其他军阀。已陷入四面楚歌境地的陈珪璋，一见刘志丹来投靠，十分高兴。他如同见了大救星似的说："我现在处在6路敌人进攻之中，四面楚歌，处境很不好啊！你这个黄埔军校的高才生，有什么锦囊妙计尽管说来。"

刘志丹笑着说："只要你敢反对蒋介石，我就有退6路之敌的办法。"

陈珪璋起身说道："蒋介石算个啥，我为啥不敢反对他？你有啥高见只管说。"

刘志丹说："你先收了李培霄，回头再消灭张廷芝，然后和毕梅轩、杨万清、张应坤3个旅谈判，能联合就联合，不能联合就先打垮毕梅轩旅，杨万清旅和张应坤旅也就不敢动了，剩下苏雨生旅，就更好对付了。你要切记，不能同时四面树敌。"

陈珪璋把大腿一拍，高兴地说道："高，你的见识就是高！我看你们共产党迟早要闹成气候的，因为你们的人都有谋略，又有学问，又会带兵打仗。"

刘志丹想，这家伙还是会看问题的。就说："只要大大小小的武装力量联合起来，都反对蒋介石，地方上各派之间的钩心斗角就少了。"

"对，很对。"陈珪璋试探地问："你能不能去收编李培霄那1000多人？"

"只要你愿意收编李培霄部，我可以派人去给你收编。"

陈珪璋当然很高兴，他既可以利用刘志丹，消除6路敌人对他的压力，又可以抬高自己的身价。他随即任命刘志丹为第11旅旅长，并把刘志丹榆林中学同学刘保堂的警卫团拨了一个营给刘志丹，又调事先打入警卫团的共产党员张秀山到 11 旅担任手枪队队长。还让刘保堂亲自带领这个营，和刘志丹一同前往收编李培霄的队伍。这一切，正合刘志丹的心意。

刘志丹领了委任状、官防、印鉴，带领从邻县赶来的部分同志，和刘保堂一起前往宁县驻防。到了宁县，成立旅部，打出第 11 旅的旗号，开始发展革命武装。刘志丹派人到南梁一带和赵连璧、杨培胜、贾生财等联系，还派人到保安、安塞、延安等地了解情况，组织力量，并立即派人去和李培霄谈判收编的事项。计划把李培霄部收编为 1 个团，赵连璧、杨培胜、贾生财拉起的队伍编为 1 个团，各地来的和职田镇被打散的旧部编为 1 个团，全旅 3 个团，3000 多人，部队一组织起来，就准备拉到陕甘边，以梢山为依托，打出红旗，开展游击战争。谁知，陈珪璋的蒋云台旅和谢牛旅，闻知李培霄这 1000 多人的武装，将要落到共产党的手里，急得红了眼。于是，他们趁刘志丹正和李培霄谈判收编之时，来了个突然袭击，把李培霄的人马消灭了大半，使刘志丹收编李培霄部的计划落空。

这时苏雨生部已经被杨虎城的军队击败，余部正向甘肃宁县、正宁、早胜镇溃退。

陈珪璋受杨虎城之命，下令高广仁旅、刘志丹旅、刘保堂警卫团，在宁县、早胜镇一线堵击歼灭苏雨生残部，并令高广仁为总指挥。但哪知高广仁和苏雨生、张廷芝之间早有军事联盟，阴谋联合起来北上攻打宁夏，当宁夏省主席。因此，当高广仁、刘志丹、刘保堂的队伍集中早胜镇时，高广仁以约刘志丹和刘保堂开会、商讨堵歼苏雨生残部为名，把刘志丹和刘保堂扣留起来，将二刘的部队全部缴械，编为他的两个团，胁持北上至合水境内。这时，陈珪璋的蒋云台旅侧击了高广仁所部，将他的第2团击溃、第3团缴械，高广仁只带1个团逃跑了。

战斗中，为了表示第11旅和警卫团不是和高广仁一起叛变的，战斗一开始刘保堂就高喊原第11旅和警卫团把枪放下。但蒋云台还是借机将刘志丹、刘保堂队伍的枪一并缴了，全部押回合水县城，住在县城东关。刘保堂去见蒋云台，说明在早胜镇兵变的经过。但蒋云台一口咬定，早胜镇兵变是刘志丹策划的，要把刘志丹解到平凉法办，并说他已经认出刘志丹就是领导渭华起义的刘景桂，还说刘志丹在太白镇打死了他的姑表兄弟，他现在要报仇。刘保堂一听，大吃一惊，借口出外小便，打发副官赶快去通知刘志丹马上离开这里。

刘志丹闻讯后，把队伍托付给刘保堂，只带着王璧成连夜冒雨离开了。

深夜，刘志丹、王璧成向着陕北方向一路翻山钻林，总算甩掉追兵。在一座山梁上，发现一座年久失修、破烂不堪的古庙，二人走进破庙歇脚。

刘志丹拧掉衣服上的雨水，披在身上，倚着庙门，望着黑沉沉的夜空，陷入了沉思之中：自从搞兵运工作以来，利用各路关系，在陕甘宁境内的军阀部队里进进出出，想搞一支自己的革命武装，但都没有成功，反而遭到了一次又一次的失败。这兵运活动还能继续搞下去吗？

王璧成望着沉思的刘志丹，说道："老刘，要不是高广仁发动兵变，我们的革命武装又搞起来了。"

刘志丹长叹了一声说："我们对军阀们的反动本质认识还是不足，经常上当吃亏。我们再不能把发展革命武装的希望放在军阀们身上了。我们应该到群众中去，组织革命武装，走井冈山道路！"

南梁荞面香

陕西和甘肃两省的边界上，横贯着一条南北走向的大山脉。这条山脉南北长达500多公里，东西宽200多公里，统称桥山。桥山的中段，有一条很大的山梁，在清朝末年，有几户大财主，强迫百姓在山梁上修筑了一个很大的堡子。由于堡子修筑在南边的山梁上，人们都叫它"南梁堡"。后来，"南梁堡"就渐渐成为方圆百里的通称了。

为了寻找一块合适的根据地，刘志丹翻山越岭，走村串户，访贫问苦，用1个多月的时间对南梁地区进行考察。从这架山到那条沟，钻梢林，攀悬崖，食林中果，饮山中泉，夜宿窑洞，走遍数百里的荒山林海，每一座大山、每一条大沟、每一道大川、每一个村庄，哪条沟里有水，哪座山上有路，哪道川里有村庄，哪个村庄有多少户人家，就像一张详细的地图，全都印在刘志丹的脑海里。

经过详细考察，刘志丹得出结论：南梁地处陕甘两省边界，地方偏僻，反动力量统治薄弱，有利于革命力量的发展壮大；土地兼并极其严重，大量集中在地主手里，劳动人民深受压迫剥削，有着极其强烈的土地要求和革命愿望，具备建立革命根据地的群众基础；地广人稀，自然资源丰富，有利于屯兵养马，积蓄革命力量；山大沟深，森林连绵数百里，有险可依，回旋余地很大，有利于机动作战，开展游击战争。因此，南梁无论在军事上、政治上、经济上各方面，都具备了发展武装割据的条件，是建立革命根据地的理想之地。

这天中午，刘志丹和马锡五又渴又累地来到一个叫老场的村子。这个村子很小，也很穷，只住着几户人家。刘志丹曾在这里住过，和村里的百姓都很熟悉，他带着马锡五走进刘大娘家里。刘大娘看见二人，赶忙放下针线活，满脸笑容地说道："哟，这是老刘呵，是什么风把你吹来的？"

刘志丹笑着说："大娘的眼力真好。"

刘大娘招呼刘志丹和马锡五坐在炕上后，赶紧去抱柴生火烧开水。她看见刘志丹的鞋袜烂得露出趾头，衣服被梢林挂得开了花，就叫来儿媳妇，赶快给刘志丹缝补衣服、鞋袜，并疼爱地对刘志丹说："看把你劳累成啥样子啦，又黑又瘦，好好在大娘这里歇息上几天，你们只管放心。咱这村子保险得很，没有一个外人。"

刘志丹和马锡五确实是累了，刚躺下一会儿就呼呼地入睡了。

刘大娘看着睡得十分香甜的刘志丹和马锡五，心里非常高兴。她走到锅台旁边直打转转，给老刘他们做什么饭呢？家里什么也没有，不给老刘他们吃点顺口的，心里过意不去。

刘大娘对儿媳妇说："我昨天见咱家种的荞麦已有八成熟了，我去割一些回来，你赶快烧火做汤，把干蘑菇多放点。"说着，就拿上镰刀、绳子出去了。

儿媳妇刚把汤做好，刘大娘就满头大汗地背着一捆荞麦回来了。刚刚八成熟的荞麦，颗粒长得很牢。婆媳俩用手揉，用棍子捶，费了好大劲儿才将荞麦秆上的颗颗麦粒搓下来。然后拿起簸箕把杂物簸去，在锅里炒干，用碗在案板上压碎，再用箩子过成面粉。婆媳俩好不容易才弄成一碗荞面粉。

这时，刘志丹醒来了。他看见刘大娘婆媳俩正忙着做饭，赶忙坐起来抱歉地说："刘大娘，真给你老人家添麻烦了。"

"不麻烦，你们是穷人的知心人。"

很快，刘大娘就把一碗香喷喷的剁荞面端了上来，新荞面浇上蘑菇汤，真是香味扑鼻，格外诱人。

刘志丹端起碗来吃了一口，问道："刘大娘，你家的荞面怎么这么新鲜好吃？"

马锡五接上说："这不像去年的陈荞面。"

刘志丹把碗放下说："刘大娘，你这荞面到底是哪里弄来的？"

刘大娘笑着说："好娃娃哩，大娘不瞒你们说，家里哪有去年的荞麦呢？这是我刚从地里割了一些八成熟的荞麦，剁了面条给你俩尝尝鲜。你们说对了，陈荞面不会有这么香的！"

刘志丹和马锡五听说是新割来还未完全成熟的荞麦，心中顿时充满感激，实在不忍吃下去了。刘志丹感动地说："大娘，你老人家这样招待我们，让我们怎报答你呀？"

刘大娘说："只要闹红成了事，我们穷人把心掏出来也舍得！"她把碗塞到刘志丹和马锡五的手里，问道："老刘，咱们的队伍什么时候过来？"

"咱们的队伍一定会来的……"

临别时，刘志丹偷偷把2块银洋放在炕边，两人顺着平定川直奔合水县太白镇稻水湾集合队伍而去。

工农武装凯歌还

残酷的斗争使刘志丹逐渐认识到，借水养鱼、借鸡下蛋，这种方式不能长久。于是他下定决心，要走组建革命队伍的道路，要建立党的武装。

1931年9月，刘志丹结束了对南梁的实地考察，赶回稻水湾——这里是杨丕胜队伍的驻地。

正在日夜思念刘志丹的杨丕胜，听说刘志丹来到了，高兴地迎出村子，一把抱住刘志丹，激动地说："老刘，我们日日想，夜夜盼，总算把你盼来了！"他拉着刘志丹的手向队部走去。

杨丕胜是陕西省米脂县人，家境贫寒，生活十分困难，靠做小买卖为生。一次卖皮子，被土匪抢了，在走投无路时，刘志丹来到了他做活的地方，向他讲了许多革命的道理，他看刘志丹和蔼可亲，是穷人的知心人，就跟着刘志丹闹革命了。自从刘志丹把他派到这一带活动，他组织许多穷苦人，专门劫富济贫，为穷人做好事，发展到200多人，八九十支枪。

回到队部，杨丕胜忙着倒水、拿烟。他看到刘志丹几寸长的头发，脸又黑又瘦，衣服破烂不堪，心疼地说："老刘，我们听说你被蒋云台追赶的消息，可把我们急坏了。我派人到处去接应你，后来听贾生财说你到南梁考察去了，我们这才放了心。"

刘志丹吸着纸烟，问道："丕胜，队伍的情况如何？”

“士气很高，都急着要集合起来成立游击队，拉上梢山开展游击战。”杨丕胜神秘地一笑：“就是大家都得了一种‘病’！”

刘志丹看着神秘兮兮的杨丕胜，笑着问：“大家得的什么病？”

“想你的病！都想着跟上你闹革命哩！”

马锡五笑着说：“老刘来了，大家的‘病’都该好了吧？”

大家都开心地笑了起来，杨丕胜接着向刘志丹汇报了队伍上的情况。刘志丹听后很满意，赞扬杨丕胜干得好。杨丕胜说：“老刘，赶快把队伍集合起来干吧，连璧、生财他们都等着成立游击队和敌人干哩。大家都不愿意再到军阀的部队里去了。”

原来，赵连璧被刘志丹派出来拉队伍后，他以合水县贾家沟圈为据点，收集饥民、散兵，反抗官府，并得到从职田镇突围出来的一部分战士的补充，而今的队伍已有 200 多人。贾生财则设法取得了合水县号衣堡民团团总的身份，招募饥民、壮丁，队伍已发展到 150 多人。

3支队伍会合在稻水湾，一共500余名指战员，大家看着集合起来这么多人员，都兴高采烈、欢欣鼓舞。稻水湾这个小山村，一时之间被队伍住得满满的，到处洋溢着欢乐的气氛。

接着，在刘志丹的领导下，对3支队伍进行了"稻水湾整编"，建立陕甘边界第一支独立的革命武装——陕甘边界游击队。由于这支革命武装在南梁地区组成，又在南梁一带活动，所以老百姓习惯上又称之为"南梁游击队"。队伍经过整编，分为3个营。刘志丹任总指挥，赵连璧为第1营营长，杨丕胜为第2营营长，贾生财为第3营营长。3年来，刘志丹奔走陕甘边，经历了千辛万苦，终于使党在陕甘高原上有了第一支独立的革命武装。

正当大家欢庆革命武装诞生时，派出的侦察人员报告，张廷芝的1个骑兵连，在其亲信蔺士殿带领下由北直扑南梁二将川。同时，陈珪璋部蒋云台的1个营，拉上合水民团打头阵，也由南向南梁大凤川进犯，妄图进行南北夹击，把新生的南梁游击队消灭。

对南梁地区地形了如指掌的刘志丹，听了侦

察员的报告，笑着说："让他们来吧，南梁可不是三道川，也不是合水城，在这梢林里没有他们能占的便宜。"

刘志丹立即召开干部会议，研究反击方案。会议决定：由第 1 营北上二将川，诱歼张廷芝的骑兵连，刘志丹面授计策：诱敌钻梢山、乘机夺军马，并由第 2、第 3 营南下大凤川，利用有利地形，教训来犯之敌。3 个营闻令而动，杀向战场。

此时，已是深秋季节，南梁地区阴云低沉、秋雨绵绵，梢山上更是云腾雾绕，让人感到神秘莫测。赵连璧率领第 1 营，从稻水湾冒雨出发，连夜进抵二将川，将部队驻扎在张廷芝骑兵必经的白沟口山村。

第二天，雨止天晴，二将川里白雾飘荡，道路泥泞。赵连璧早晨乘着大雾，已经把队伍分成 3 路，一路埋伏在山上，一路诱敌追击上山，一路隐蔽在山下。各路人员都选择有利地形隐蔽起来，做好战斗准备。

不久，蔺士殿带领着骑兵，从北边窜了过来，大摇大摆地如入无人之境，前面连个尖兵也没派。

赵连璧依计行事，派出一路队员诱敌。只见十几个身穿破烂衣服，手拿老套筒步枪的战士突然出现在道路上，朝着迎面走来的匪徒们"叭、叭"就是两枪，两个匪徒负了伤，几乎栽下马来。蔺士殿朝前一看，有十几个老百姓模样的人，忙喊叫道："刘志丹的游击队，赶快追，抓活的！"

匪徒们拍马追来，见游击队员们掉头就跑，不禁哈哈大笑，跟在后面紧追不舍。游击队员们跑着跑着，忽然都顺着山坡钻进了梢林，向山上跑去。蔺士殿追到跟前一看，满山坡都是黑压压的林子，长得密密扎扎，遍地都是狼牙刺和酸刺树，马进不去。蔺士殿果然按照刘志丹的计划行事，命令道："弟兄们，快下马，别让刘志丹的游击队跑了，抓住活的有赏！"

匪徒们纷纷下马，留下少量人员看守马匹，其余的都钻进林子，追上山去。直追得气喘吁吁、大汗淋漓，再也跑不动了，可眼前除了灌木丛的枝叶，一个游击队员也不看见。蔺士殿顿感茫然，忽然听见山下枪声响起，幡然醒悟："中计了，赶快下山保护战马。"

正当蔺士殿返身要下山时，埋伏在山上的另一路游击队，从上面压下来，子弹像雨点一般射向匪兵，手榴弹在人群中炸开花，原先那一路隐蔽在半山里诱敌的游击队，看见匪兵们从山上滚了下来，迎头又是一阵射击，十几个匪兵立刻栽倒在灌木丛里。匪徒们在游击队的两面夹击下，被打得落花流水，死伤近半。当负了伤的蔺士殿带着残兵败将，滚到山脚下时，一匹战马也不见了，等待他的是事先安排夺马的那一队再次冲杀过来。蔺士殿一看傻了眼，狼狈不堪地带着20多个伤兵，钻进梢沟里逃走了。

在首战二将川告捷的同时，杨丕胜和贾生财率领的第2、第3营，对南线进犯之敌，也给予迎头痛击。杨丕胜设伏，将打头阵的合水民团打死十几人，活捉30多人，合水民团全军覆没。蒋云台的那1营匪兵，一见打头阵的合水民团全部被歼，纷纷溃退，其中有1个连立即起义，加入刘志丹的游击队。

两路人马带着战利品回到稻水湾，互相讲述了战斗经过，全体指战员高兴地庆祝这两仗的胜利。

10月20日，刘志丹部在林锦庙一带与陕北游击支队会合，队伍发展到近千人。之后，谢子长由西安来到林锦庙，向部队传达中共陕西省委的指示，利用军阀混战的矛盾，在保持游击队独立的前提下，名义上暂归平凉军阀陈珪璋部，借用其第11旅的番号，随即移驻庆阳以北新堡村休整，接收陈部拨来的一批冬装和军饷，暂时解决了部队吃饭及冬装的问题。

陈珪璋眼见时间过去1个多月，仍然收编不成，便恼羞成怒地调1个旅包围游击队驻地。在敌人尚未完成部署之前，谢子长、刘志丹当机立断，率部从新堡村出发，脱离陈部，并在庆阳的柳村塬歼敌2个连，转移到正宁县柴桥子村。

根据当时全国抗日运动日益高涨的形势，部队改称西北反帝同盟军，下辖2个支队。谢子长任总指挥，刘志丹担任副总指挥兼第2支队队长。1932年2月，根据中共陕西省委的指示，西北反帝同盟军改编为中国工农红军陕甘游击队，谢子长任总指挥。第一次公开打出了中国工农红军的旗帜，镰刀、斧头的旗帜从此在陕北高原上高高飘扬。刘志丹后任第 3 支队队长，谢子长离开后，于 5 月 10 日接任总指挥。

刘志丹率领陕甘游击队，在洛川、中部（今黄陵）、宜君一带，半个月时间连续转战 5 县，9 战 8 胜，歼敌 1400 余人，缴枪 1200 余支，队伍迅速发展到 1500 余人。

1932 年 4 月 20 日，中共中央作出《关于陕甘游击队的工作及创造陕甘边新苏区的决议》，同意陕西省委创建正规红军，规定番号暂用中国工农红军第 26 军 41 师。

12 月上旬，陕西省委派杜衡来到游击队，负责组建红 26 军。杜衡一到部队，就在党员大会上，给刘志丹无端扣上了"梢山主义""土匪路线"和"右倾机会主义"等帽子，宣布撤销谢子长、刘志丹、阎红彦的领导职务，欲将他们开除出部队或强令去上海临时中央"受训"。

由于执行冒险主义、关门主义错误方针，陕甘游击队人数很快由 1500 余人减至 200 余人，达不到组建 1 个师的要求，只好将这 200 多人改编为红26军第2团。杜衡自任军政委兼红2团政委。为了便于控制，杜衡还宣布团长要民主选举，并且明确规定不准选刘志丹、谢子长、阎红彦当团长。结果大家一致推选王世泰为红2团团长。

王世泰是刘志丹的得力干将，亲身经历了在刘志丹领导下的陕甘游击队迅速成长和壮大的过程，并十分推崇刘志丹的为人和军事指挥才能。他当团长后，经过与杜衡的坚决斗争，甚至以不当团长相要挟，要求把刘志丹留下，最后杜衡只好勉强同意，并让刘志丹担任政治处处长职务。刘志丹心地坦荡，顾全大局，毫不计较个人得失，积极协助王世泰工作，起草《政治工作训令》和纪律规定，并尽一切可能维护部队团结。遇到战斗，还精心拟制作战方案，协助团长、参谋长指挥，官兵们都亲切地称他为"我们的参谋长"。

"建军"之路充满荆棘和挑战，在经历了70多次兵运的挫折之后，刘志丹和他的战友们终于创建了陕甘地区第一支正规红军武装。红2团成立之初虽然只有3个连200多人，但像一个火种，播撒在陕甘大地，翻开了陕甘革命新的一页。

04

创建根据地
独支陕甘边

从寺村塬到照金

刘志丹在革命实践和反思教训中悟出来两条基本经验，一是抓武装，二是搞根据地。不管走到哪里，刘志丹都把建立革命根据地的道理说到哪里，"苦口婆心，循循善诱，期望能说服他见到的每一个人"。

这两条经验，实际上就是毛泽东开辟井冈山革命根据地，搞武装割据、走农村包围城市的道路。事实证明，正如同全国革命一样，这也是西北革命的必由之路。

1932年3月下旬，红军陕甘游击队在寺村塬召开了农民代表大会，宣布推翻国民党政权，选举成立由15人组成的寺村塬革命委员会。这标志着党在陕甘边区的革命斗争，从单纯的武装斗争，迈出创建农村革命根据地的第一步，陕甘边区第一个红色政权由此诞生。

两个月后，中共陕西省委指示陕甘游击队东进韩城，试图在平原地区建立革命根据地，结果攻打韩城失利。经刘志丹等人反复做工作，游击队领导之间终于统一认识，作出以桥山为依托，就地坚持游击战争，伺机向南发展的决定。

随后，部队转移到盘克塬，接应西华池起义部队，8月进驻正宁县五顷塬。

此后，按照中共陕西省委的指示，陕甘游击队将开辟新苏区的重心转向照金地区。

照金镇位于桥山山脉南端，北依子午岭，南连渭北关中，西临陕甘交界，境内山峦起伏，沟壑纵横，梢林密布。这里，曾是陕甘游击队与渭北游击队的老游击区，群众基础好；当地虽有几个民团，但人数不多，驻扎分散，其中庙湾夏玉山民团和游击队有统战关系，非常便于红军活动。

但杜衡领导下的红2团，坚持推行"左"倾错误，只知斗争，不搞联合，主张打倒一切。当时国民党军队里有些军官是共产党员或进步分子，和红军干部有秘密联系，送枪支弹药给红军。杜衡竟然骂红军干部勾结军阀，并且不顾刘志丹等人反对，进攻夏玉山民团。

夏玉山得知红军来攻打的消息，立即把队伍拉到山上，占据制高点。杜衡带领队伍来到山脚下，在步兵没有到位的情况下，命令骑兵先从正面发起强攻，遭民团火力拦截，骑兵伤亡惨重。杜衡吓得惊慌失措，想让部队撤下来，又怕民团跟踪追击，正在无可奈何时，刘志丹带人赶来接应，这才压住敌人火力，让人保护着杜衡，把队伍撤到安全地带，但周围民团开始联合起来反对红军。

这次失败，并未让杜衡吸取教训，后来他为防止国民党军队驻守香山寺，又下令放火烧毁这座建于唐代的古刹，惹得几百僧人也转向了革命的对立面。在此不利形势下，杜衡不得不命令刘志丹接任团参谋长。面对十分被动的局面，刘志丹率部北上正宁，在三嘉塬、湫头一带开展游击活动，并在湫头石炭沟口设伏，全歼王郎坡寨子民团。

红2团在刘志丹的协助和建议下，东出同关（今铜川）打下金锁关，南击淳化攻下柳林镇，西出旬邑消灭旬邑县民团一部，红军活动区域日渐扩大。在不到1个月的时间内，就成立起十几支游击队，各村还建立了一些游击小组。

红军打胜仗，根据地不断扩大，地方党组织也随之大发展，农民中的党员数量逐渐增加。为了加强党对各游击队的领导，1933年3月3日，成立了陕甘边区游击队总指挥部，任命李妙斋为总指挥，张秀山为政委。3月8日，陕甘边特委在照金成立，由金理科任特委书记。4月5日，在照金召开了陕甘边工农兵代表大会，选举成立了陕甘边革命委员会，选举雇农周冬至任主席，习仲勋任副主席。革命委员会成立后，先后颁布了土地法、劳动法、婚姻法等法令，贴出了戒烟、戒赌、破除迷信、号召妇女剪头放脚等一系列布告。群众看到这些法令和布告，欢天喜地，赞扬人民政府为人民着想，为人民办事。

为了安全起见，革命委员会由照金搬到了七八公里外的薛家寨办公。薛家寨是一座山寨，地势十分险要，和保安县的永宁山差不多。山寨上有红军医院、被服厂、修械所，还办起了学校。革命委员会的干部都能深入群众，做细致的调查研究，解决群众的困难，肃清敌特分子，废除保甲制，在照金地区相继组织起了农会、贫农团、赤卫队、妇女会等革命组织。

到5月间，照金苏区已经开辟了以薛家寨为中心，东至香山，西抵淳化，北至马栏，南到高山槐，东西宽30余公里，南北长近50公里，面积近2000平方公里的照金根据地，建有照金、金盆、韩家山、雨园、香山、七界石、老爷岭、桃渠河等区乡村革命委员会，与渭北苏区遥相呼应，成为红2团战斗发展的一个有力支点。

生死南下

1933年6月17日，红2团完成外线作战任务，返回照金。中共陕甘边特委和红2团领导召开联席会议，杜衡否定了刘志丹等人以桥山山脉中段为依托，发展和巩固陕甘边根据地的正确意见，强令红2团南下创建渭（南）华（县）蓝（田）洛（南）根据地。

这时的天气虽已经热起来，但大家心里却感到很凉。红2团的广大指战员从北梁出发南下，一路心情沉重。这片经过流血牺牲、千辛万苦创建起来的根据地，又怎忍心离开和割舍呢？

很快，红军进入敌人把守严密的关中平原。当部队准备经高陵渡过渭河时，敌人闻讯从四面包围上来。红军抢渡渭河后，围上来的敌人更多了，每天都要打六七仗，有的战斗一开始就很激烈。这时，杜衡感到束手无策，开始动摇不定。一天早饭后，杜衡突然开会宣布："我要回去报告省委，通知渭华的地方党组织，叫他们做好迎接红军的工作，你们到了渭华等我，我从西安到渭华找你们。"当下，他指定汪锋代理政委，然后又对大家说："你们一定要把队伍带到渭华，千万不能动摇。如果谁要三心二意，我回来后，一定要严肃处理。"

随即，杜衡离开部队到西安去了，不久就传来他被捕叛变的消息。许多同志对着刘志丹和王世泰要求道："咱们还是返回照金吧，南下非常危险，很可能会毁掉红军。"

刘志丹说："进亦险恶，退亦险恶。现在敌人已经把渭河封锁，断了我们的退路。进，尚可与敌人周旋；退，唯有与敌人决一死战。我们只能前进，不能后退。大家要想尽一切办法，使部队多打胜仗，少受损失，力争到达渭华再说。"

刘志丹再次挑起指挥部队的重任，和王世泰一起迅速收拢部队，选择有利时机突围，在敌人围追堵截中，边战斗边前进，经过几天苦战，进入蓝田县张家坪。休息一晚后，第二天早上开会讨论行动计划时，敌人包围上来。刘志丹当机立断，命令部队丢掉马匹辎重，由王世泰、汪锋和他各带一路分头突围。各路还未完全部署好，敌人就冲了上来，刘志丹带领一路部队，奋力苦战，冲出重围，进入终南山（简称南山）。由于离开根据地，伤员无法安置，兵源无处补充，粮食无地筹集，各路突围出来的同志，在南山里苦战 1 个多月，最后只剩下十几个人，由刘志丹带领着退到深山老林里。

凶残的敌人严密把守着每个出山的路口，山里的大庄小镇也都驻上了敌人。敌人还出动人马，配合地方民团，进山搜捕。白天，到处都是"快出来！"的叫喊声；晚上，点起火堆，大小路口都站上哨兵。镇子上，村庄头，路口上，到处都贴着捉拿刘志丹的布告。

刘志丹等人只得钻进树林和草丛，也不敢进村找吃的，饿了就采摘些野果、野菜充饥。晚上一不注意，就会碰到漆树上，漆树汁液沾到皮肤上会痒痛、发肿、溃烂。刘志丹的手腕因沾上漆树汁而溃烂，被雨淋得发了炎、化了脓。由于多日吃不到粮食、食盐，同志们虚弱得走路都十分困难，有的同志走着走着，眼前一黑，就昏倒在地。

连续在大山里奔波了几天后，同志们实在走不动了。刘志丹选择了一个比较安全的地方，让大家歇下来，点起一堆篝火，烤烤湿透了的衣服。他看了看仅剩下的十几个同志，坚定地说道："同志们，月亮都有圆有缺，部队在一时一地的失败，又算得了什么！闹革命嘛，哪有一下子就成功的？失败了，再干！咱们道理正，穷苦人都站在咱们这一边！"他停了一下，接着说："反动派是兔子的尾巴，长不了的。只要我们想办法干，革命早晚一定会成功！天不能老是阴雨，总有个晴的时候！我们一定要回到照金苏区，把红26军重建起来。"

同志们都齐声说："老刘，我们一定要坚持到底，跟着你回咱们的老家照金去！"

刘志丹带着十几个同志，在通过封锁线时又遭到敌人的袭击，有的跑散了，有的牺牲了，只有他一人力战冲了出来，隐藏在深山里。

有一天，刘志丹在山林里迷失了方向，他拄着半截树枝，在山林里转来转去，突然眼前一阵发黑，两脚一软掉下山崖。接着，便什么也不知道了。

就在死神纠缠刘志丹时，幸好遇到跟着王世泰突围出来的一个少年先锋队员。在这名小战士的照顾下，刘志丹和正在找寻他的王世泰等战友会合，他们又冒雨从敌人防守薄弱的山崖边冲出了包围圈。

在渭南、华县党组织的帮助下，刘志丹等人化装成游乡小贩，挑着货郎担子，渡过渭河，爬山越岭，奔向陕甘边根据地。

进军南梁

在红 2 团南下遭到失败之际，陕甘边特委领导照金根据地和渭北等地区的游击队，在极端困难的情况下坚持斗争，终于度过了最艰难的日子，保住了根据地，并扩大了游击队，为重新组建红军打下良好的基础。

1933 年 6 月 13 日，根据中共陕西省委的指示，渭北游击队和富平游击队整编为红 26 军第 4

团，但在敌军的重兵围攻下，不久红4团就撤离了渭北地区，于8月10日转移到照金根据地。接着又有耀县、淳化、旬邑、陕北等多支游击队，先后转入照金，大大加强了照金地区的武装力量。这时，陕甘边区特委摆脱"左"倾路线的领导，斗争形势好转，呈现出喜人局面。

8月14日，陕甘边特委在陈家坡召开党政军联席会议，决定成立陕甘边红军临时总指挥部，王泰吉任总指挥，统一指挥红4团、西北民众抗日义勇军和各游击队等武装力量。陈家坡会议后，临时总指挥部率领根据地的各武装力量，转战耀县、邠县、宁县、合永、正宁、旬邑等地，发动群众，袭击民团，开展游击活动，先后取得攻克旬邑县城、占领张洪镇等战斗的胜利，缴获大批武器弹药、布匹、粮食和银圆，部队也扩大到600余人。

1933年10月4日，刘志丹和王世泰等一行人历尽艰险，在这个中秋月圆之夜，带着几支驳壳枪回到照金根据地。刘志丹即被任命为陕甘边红军临时总指挥部副总指挥兼参谋长。刘志丹回到陕甘边的消息，顿时像一股春风传遍陕甘高原。广大劳苦穷人纷纷奔走相告："咱们的老刘脱险啦！""咱们的老刘回来啦！"从南下突围出来的红军战士，听到刘志丹回来的喜讯，都纷纷赶来报到；刘志丹过去的一些老部下，也带着自己发展起来的队伍赶来，不到 1 个月的时间，红军又增加 150 多人。

红军有了刘志丹领导，大家心情愉快，斗志倍增，并且很快就取得了一连串的胜利。这时，国民党反动派十分恐慌，调集 4 个正规团，又纠集淳化、旬邑等周边 6 县民团共 6000 余人，发动对照金根据地的进攻。刘志丹等人分析敌情，认为敌我力量对比悬殊，不宜在照金这块狭小的根据地同敌人周旋，于是总指挥部决定红军主力转入外线作战，牵制敌人，以减轻苏区压力。

刘志丹在从南山返回照金途中，路过合水县包家寨子时，曾经通过关系摸清了合水县城的情况。鉴于该城驻守兵力 300 多人且战斗力不强的判断，总指挥部批准了刘志丹奇袭合水县城的建议。

从照金到合水，梢林遍布，道路崎岖，非常

有利于部队隐蔽行军。刘志丹率领红军主力400多人，横穿马栏川，直插正宁县，沿着子午岭山麓，兼程北上，第四天晚上顺利到达离合水县城不远的黑木塬村。

合水县老城的城郭是个葫芦形状，又叫葫芦城，依山傍水，里外有十几米高的两道城墙，东西两座城门，易守难攻。城内驻扎国民党军1个连、200多人的保安队，还有20多户地主土豪。刘志丹开会研究认为葫芦城不宜强攻，必须巧打，遂决定：利用夜间快速出击，出其不意，一网打尽。

白天，刘志丹让部队休息待命，直到午夜时分，部队悄悄向葫芦城靠近。

到达城下后，刘志丹挑选出30名勇敢善战、善爬墙攀岩的战士组成突击队，由王世泰带领，攀上城墙，先消灭城门楼子守军，然后打开城门，放大部队进城。

为了防止万一，刘志丹又派出一个连紧跟突击队之后，埋伏在城下随时准备增援。

此时的葫芦城死一般寂静，除城门楼几个游

动的哨兵外，周围是静悄悄的。王世泰把突击队员分成 3 个战斗小组，每组 10 人。先到东城门，发现此处城墙又高又坚固，无法上去，就转向西城门。王世泰借着月光发现西城门的城墙上一道道的石头缝比较明显，便派 1 名善于攀爬的战士，腰系麻绳，手里拿着两把刺刀，插入石头缝，交替着爬上去，然后拴好麻绳，其余的战士一个个鱼贯而上。

第 1 小组迅速地消灭了西城门楼上的哨兵，然后把守卫西门的一排敌军的枪收缴了。第 2 小组快速跑到东城门楼，没等哨兵发觉就将其除掉，接着就手缴了驻守东门一排敌军的枪。第 3 战斗小组沿着陡峭的城墙爬上去，消灭了葫芦城的制高点、北山顶"葫芦把"上的哨兵。王世泰用手电闪了 3 下，发出进城的信号。

刘志丹看见信号，立刻带领大部队，直向城门跑来。

就在王世泰带着两个战斗小组准备去开城门时，守城保安队的一个哨兵，颤抖着声音问道："什么人？口令？"一个突击队员机智地回答道：

"睡糊涂啦！老子是查哨的！"对方还没等反应过来就上了西天。

突然，匪连部的哨兵发现异常，边打枪边喊叫："红军进城了！红军进城了！"正在做着美梦的匪军、保安队、地主土豪，一个个从梦中惊醒，提着裤子，趿拉着鞋，抓起枪就往外跑。在黑暗中，以为是红军冲来，便互相开枪射击、对打起来。一时间，激烈的枪声，划破寂静的夜空。刘志丹带领部队攻进敌营，刚从惊愕中清醒过来的敌人，组织起反击。红军战士个个勇猛顽强，打得敌人晕头转向。天亮前，战斗结束，打死打伤100多敌人，共缴获300多支枪，100多箱子弹。

巧取葫芦城的胜利，极大地鼓舞了红军战士和合水革命群众的斗争热情。

1933年11月3日，陕甘边区特委和红军临时总指挥部在包家寨窑洞里，召开联席会议，进一步总结根据地建设和军事斗争的经验教训，彻底清算"左"倾教条主义错误影响。会议采纳刘志丹等人的正确意见，作出3项重大决定，即：建立以南梁为中心的陕甘边根据地；建立陕北、关中、南梁 3 路游击区；恢复红 26 军，成立第 42 师，王泰吉任师长，高岗任政委，刘志丹任参谋长，黄子文任政治部主任。随即兵分两路，肃清荔园堡、阎家洼子、赵家沟门一带的小股国民党军和反动民团等武装，为建立南梁根据地扫清了障碍。

1934 年 2 月 25 日，红 42 师党委在四合台村召开群众大会，选举成立了新的边区临时政权组织——陕甘边区革命委员会。习仲勋当选为革命委员会主席。5 月 28 日，红 42 师党委在寨子湾召开会议，恢复中共陕甘边区特委。同时，成立陕甘边军事委员会，刘志丹任主席。

以南梁为中心的陕甘边革命根据地终于建立并发展起来了。

粉碎第一次"围剿"

陕甘边革命根据地的发展，令反动势力惶恐不安。1934 年 2 月至 5 月，国民党召集谭世麟、仇良民的 8 个团 1 万余人，对陕甘边和陕北两苏区发动第一次"围剿"。

当时的红军主力只有 500 余人，地方红军（游击队、赤卫军）不到 1000 人，与敌人力量对比悬殊。为此，刘志丹决定，地方游击队坚守在内线作战，主力红军跳出外线，南下关中、东出咸榆大道，然后北上陕北、西进庆阳。千里跃进，长驱直入，沿途歼灭小股敌军，直抵合水县城附近的赵家塬，摆出一副攻城的架势。

红军兵临城下，合水守敌急忙向西邻的庆阳县国民党驻军求援。庆阳驻军王子义团连夜出动 2 个步兵营和 1 个机炮连，气势汹汹地扑向合水。

哪知，刘志丹指挥红军在第二天早晨，已经离开了赵家塬，南下 50 余公里，于 4 月 11 日，突然攻占合水县重镇西华池。王子义部赶了 50 多公里路，刚到合水县城，连口水都没喝上，又急忙转道南下向西华池扑来。

西华池地处高地平原，是个古老的城镇，住着二三百户人家。东西两边都是深沟，城墙前边是外壕，外壕前边是开阔地，地形对红军展开火力十分有利，刘志丹决定在这里迎头痛击敌人。

下午 3 时许，侦察人员前来报告："发现敌人的正规部队，大约有 1000 多人。他们十分骄傲，排成 4 路纵队，直向西华池扑来。"

"该团敌人求战心切，急于前来送死。"刘志丹命令："王世泰带领红 3 团依靠城墙，顶住正面敌人，利用北面城墙外边的开阔地大量杀伤敌人；骑兵团迂回到敌人的背后，切断敌人的退路，接着从敌人的背后冲杀上去，把敌人的阵营打乱。"

部队很快布置完毕，两个连隐蔽在北门外一条横沟渠塄坎下面待命，并规定敌人不到 50 米处不准开枪；先锋连布置在北面城墙上，掩护主力部队冲锋。

敌人越来越近了，仍然排着 4 路纵队。傲慢的敌人在临近城墙 200 多米的时候，指挥机构才停止前进，部署迫击炮、重机枪阵地。目空一切的敌人，一直列队走到北城墙 100 米时，才散开向红军进攻。

这时骑兵团也全部就位，刘志丹眼见时机已到，下令出击。骑兵们像一支支离弦的利箭，迂回到敌人背后，切断退路，以摧枯拉朽之势冲进敌群中，直捣敌人的指挥部和机炮连阵地。前面的敌人走到离红军50米时，王世泰下令开火。顿时，枪声、号声、喊杀声响成一片。隐蔽在北门外横沟下的两个连红军，从敌人的侧面一阵猛烈射击，敌人一批一批倒下去。城墙上的先锋连和红3团主力的子弹像雨点一样倾泻在敌群中。敌指挥部被冲垮了，刚刚架好的迫击炮和重机枪，还没有发挥作用，就成了红军缴获的战利品。敌人的整个队伍都乱了，团找不到营，营找不到连，个个如惊弓之鸟，乱作一团，四散奔逃。此时，游击队从两翼包抄上来，将逃散的敌人又赶了回来。刹那间冲锋号响起，勇敢的红军战士像猛虎下山一样，喊杀着冲进敌群，展开激烈的白刃战。阵地上到处响着枪械的碰击声和敌人的惨叫声，以及"缴枪不杀"的呐喊声。

经过两个多小时的战斗，在天黑之前，敌人全部被歼灭。这一仗，红军声东击西，出奇制胜，歼敌700多人，缴获长短枪1000余支，迫击炮2门，重机枪4挺。战士们围着迫击炮，高兴地

说："我们红军有真正的大炮了！"

至 1934 年 6 月，红 26 军第 42 师和游击队共经历 30 多次战斗，毙伤国民党军及民团 3000 多人，胜利挫败了敌人对陕甘边苏区的第一次"围剿"。

1934 年 7 月，中共陕甘边区特委、陕甘边区革委会和红 42 师在荔园堡召开联席会议，作出《中共陕甘边区特委关于目前政治形势与陕甘边区党的任务的决议》（又称《七月决议》），对党、政、军各方面工作进行全面部署，成为陕甘边革命根据地建设的纲领性文件，标志着刘志丹等陕甘边党和红军领导干部在思想上、政治上日趋成熟。《七月决议》作为党的重要文献，后来被收录到毛泽东主持编辑的《六大以来》一书中。

1934 年 7 月下旬，刘志丹、习仲勋、张秀山等陕甘边区领导人在荔园堡附近迎来红军陕北游击支队和赤卫军。7 月 28 日，陕甘边与陕北党政军领导人在阎家洼子召开联席会议，制定出陕甘边和陕北革命根据地相互配合、协调作战的方针，决定谢子长担任红 42 师政委，主力红 3 团跟随谢子长北上陕北，支援陕北的反"围剿"斗争，同时送给陕北红军 100 支步枪、数百银圆。

会后，红 3 团北上安定，4 战 4 捷。很快，陕北苏区粉碎了军阀井岳秀的"围剿"，陕北红军游击队发展到 1000 余人，赤卫军发展到 2000 余人。

建立政权

至 1934 年 9 月，根据地各县的革命政权相继建立起来，各路游击队得到巩固和快速发展。红 42 师从第 2 路、第 3 路游击区的游击队中，各抽调一批骨干，组建红 1 团、红 2 团，兵力增加到 4 个团。在不到 1 年的时间里，红军、游击队解放了陕甘边 10 多个县的广大农村，拔掉敌人据点近百个，摧毁了敌人的保甲制度，在南梁地区建立革命政权的条件已经成熟，各项准备工作紧锣密鼓地进行着。

刘志丹等人认为，我们所创建的政权是一个新型的民主政权，必须要得到人民群众的拥护。因此刘志丹决定，采用无记名投票的方式，来选举陕甘边区苏维埃政府的领导成员。

选举政府官员，这对广大贫苦农民来讲是从没有过的事。政府官员原来都是官方任命的，哪有通过民选来确定的。所以通过选举这件事，给人民的感觉是，这个政府是人民的政府，是大家自己的政府。

阎家洼子村苏维埃代表武海潮因为不识字，请刘志丹为自己代笔写选票。武海潮要先写上刘志丹的名字，刘志丹却说：先写你最满意的同志吧！搞政权建设和地方工作，我比不上其他同志。直到最后其他人都提完了，在武海潮的坚持下，刘志丹才写上了自己的名字。

当时陕北地区的农民，大多数不识字。为了保证选民都能参加选举，边区从实际出发，还采取了投豆法、流动票箱或者叫背箱法、烧香点洞法等灵活多样的方法，方便大家投票。

1934 年 11 月 1 日，在荔园堡内的关帝庙召开陕甘边区工农兵代表大会。大会一连开了几天，从农民、赤卫军、游击队和红军中层层选举，产生 100 多名工农兵代表，再由这些代表以无记名投票的方式，选举习仲勋为陕甘边区苏维埃政府主席。11 月 7 日，适逢十月革命纪念日，陕甘边区苏维埃政府成立大会在荔园堡举行，西北地区第一个通过民选的民主政权正式诞生。同时，举行了盛大的阅兵式，红 26 军的步兵、骑兵和各路游击队 3000 多人列队通过，威武雄壮。

刘志丹等人深知，共产党、红军队伍能不能站得住脚，基点在人民群众当中，所以通过建立苏维埃政权，代表人民群众，为人民群众来谋利益。很快，他们就提出了适应西北革命实际情况的十大政策，即土地政策、财政粮食政策、军事政策、统一战线政策、民政劳资政策、文化教育政策、知识分子政策、肃反政策、优待俘虏政策、各种社会政策。

十大政策的核心问题是土地革命。根据西北地区地广人稀的特点，边区政府提出了分川地，不分山地，充分保护生产。在地主问题上，做到也给地主一份土地，以保证他们的生活。这种政策切合实际，避免了"左"的做法，从而使土地改革得以有效推进，解决了千百年来的农村土地问题。

边区政府规定军队粮秣供应主要靠收买。没收地主、富农的土地、粮食和羊，除按政策分配给群众外，剩余的则作为红军和游击队的公田、公粮、公羊，保存在村子里。因为很多人没土地，有公田可以种，种完以后交纳部分公粮，公粮就存在他们家。南梁人民政府通过粮食部，可以发粮票，红军凭粮票、草票，就可以到任何一个村子吃粮、领草，这样还不增加群众负担。

边区政府非常注意发展经济。印制货币，开展集市贸易，保护小手工业、小商贩的利益，这些都有利于经济发展。

一次，从国统区过来的一个商人，见到红军哨兵，他按照惯例马上递上一根烟。这个战士非常生气，说你这是糟蹋人，按照红军的纪律，不准拿群众的一针一线。商人看到这个战士这么生气，也很害怕。刘志丹、习仲勋听到这个消息后，马上就去做解释工作。对商人进行安慰，说你第一次来苏区，你不了解我们的情况，我们的红军是有纪律的，不拿老百姓任何东西。这样，商人就明白了，说你们这样的军纪，你们这样对待我们，我们还有什么不敢来的？所以这个商人回去，一传十、十传百，就有更多的人跑到苏区来了。

边区政府发动群众，广泛开展移风易俗活动。建立禁烟、禁赌、放足委员会，发布了相应的法令，并制定反对封建买卖婚姻、反对迷信活动等法规，边区政府还开办了列宁小学，用新思想、新文化教育影响群众。

边区政府还把统一战线作为一个重要的手段，尽可能地团结大多数人。先后制定的对俘虏、民团、土匪、哥老会以及对知识分子的政策，都体现了统一战线的思想。

在这些好政策的感召下，保安苍沟的哥老会老大马海旺组织自己辖区内的哥老会成员，为红军传递情报，为红军转运物资，养护伤员，还亲自冒着风险到延安购买枪支子弹。后在陕甘宁边区大生产运动中，马海旺被评为边区劳动模范，成为全国进步哥老会组织的副主任。

建设边区政府的过程中，还有一个重要的决定是廉洁政治。刘志丹反复强调："老百姓最痛恨反动政权的不廉洁，他们无官不贪。我们一开始就要注意这个问题。要有骨气，要讲节操，受冻挨饿也不能取不义之财。"在陕甘边苏维埃政府成立以后，刘志丹曾提出制定一条法律，"凡一切党政军干部，如有贪污10元以上者枪毙"。以现代的眼光看起来这处分未免太重，但那时老百姓最恨贪官污吏，盼望有为民理政的清官。正因为刘志丹了解群众的心声，才制定如此严格的法规，以警诫自己的同志。

随着南梁苏区政治、经济、文化、军事的不断发展，这个世代贫瘠的"三不管"地带，越来越成为人们向往的地方，当时曾有这样一首歌谣广泛流传：

长枪短枪马拐枪，跟上哥哥上南梁，你骑骡子我骑马，剩下毛驴驮娃娃。

陕甘边革命根据地从照金转战南梁，短短1年时间里就柳暗花明，风生水起，像一颗冉冉升起的红星，闪烁在西北的天空上。

陕甘合一

　　1935 年年初，陕北苏区已先后建立赤源、绥德、赤光（延川）等 9 个县的革命政权。1 月 25 日，陕北苏区第一次工农兵代表大会在安定县召开，选举成立苏维埃政府。1 月 30 日，中国工农红军第 27 军 84 师宣告成立。随后，红 27 军第 81 师也宣告成立，陕北斗争形势一片大好。

　　不幸的是，谢子长于 1934 年 8 月在战斗中身负重伤。1935 年 1 月 20 日，刘志丹专程来到安定县灯盏湾，看望正在养伤的谢子长。

　　两位老战友就陕甘边和陕北两块根据地的统一领导以及如何粉碎敌人的"围剿"等问题进行了深入交流，达成共识。谈话间，谢子长说："你来了就好了，我现在这个伤，看来好不了了，军委主席你就当起来。"

刘志丹赶忙推让："那不行，你是老大哥，你是中央驻北方代表派到西北的军事特派员，你在世一天，这个军委主席要你当，具体工作我可以做。"谢子长坚决地回复道："那我就以军事特派员的这个身份，任命你为西北军委主席。"1 个月后，谢子长与世长辞，年仅 38 岁。

2 月 5 日，陕甘边区特委和陕北特委在周家硷召开联席会议，决定成立中共西北工作委员会，同时成立西北革命军事委员会，刘志丹当选为西北工委委员、西北军委主席（关于西北军委主席的说法有二：一说刘志丹为主席，一说谢子长为主席），实现了陕甘边、陕北两块根据地党、政、军的统一领导。

此时，国民党反动派调集高桂滋部第 84 师、井岳秀部第 86 师等 5 个师 25 个团，计 4 万余人发动第二次"围剿"。

刘志丹对敌情进行了分析，认为敌人此次"围剿"虽然规模大，但战线长、空隙多；各军阀之间矛盾重重，难以协调，为保其固有地盘，均不会豁出老本；只有国民党中央军高桂滋部突出冒进，行动积极。为此，决定主战场摆在陕北，先打高桂滋部。

随后，红27军在安定南沟岔设伏，歼灭高桂滋部1个排，拉开了第二次反"围剿"的序幕。接着在清涧县阎王岭、贺家湾各歼敌一部。5月1日，红26军和红27军在安定白庙岔会师，组成陕甘红军主力兵团。5月3日，成立了前敌总指挥部，刘志丹任总指挥，高岗任政委。5月7日至9日，刘志丹指挥红军，在杨家园子、吴家寨子和马家坪3战3捷，以很小的代价，歼灭高桂滋2个整营另2个连，共1300多人。其中1个营是在运送粮饷、给养的途中，被根据地的游击队、赤卫军和老百姓上万人围困在山野里，进退不得。刘志丹指挥红军主力赶到后，仅1个小时，就全歼该敌，缴获1个团的军需给养，数以千计的枪支，军服2500套，大洋10万余元和大批医药等物资。红军换上了新枪，每个连有五六挺捷克式机关枪，士气空前高涨。

战后，驻安定县城的守敌吓得放弃县城，撤向瓦窑堡，红军解放了陕北的第1座县城。敌人被迫收缩防线，困守各个孤立的据点。

5月10日，西北工委在安定县玉家湾召开会议，前敌总指挥刘志丹作军事报告，对下一阶段作战提出计划和建议。决定红军转入外线作战，"主打井岳秀、牵制高桂滋"，实现"红五月打通陕甘边和陕北根据地联系"的战略目标。

接着，红军声东击西，大范围机动，放出风声要打下清涧和绥德，给敌人以错觉。红军主力则兼程南下，隐蔽运动到延长城下。5月30日凌晨，刘志丹亲自指挥攻城，全歼守敌400多人，吓得附近甘谷驿民团自动投诚，延长县城宣告解放。6月1日，延川守军惧怕红军攻城，星夜逃遁至清涧，延川县城解放。6月中旬，刘志丹率部包围了国民党安塞县政府所在地兴隆寨，国民党县政府及所属武装弃城逃至李家塌。

6月22日，红军打响了强攻李家塌的战斗，准备拔除敌人在安塞县境内最后一个据点。李家塌山上的寨堡地势险要，三面是悬崖峭壁，进出寨子，只能通过东面的一条狭窄的通道。

当时部队没有重武器，攻打李家塌非常困难，打了四五天没有结果。刘志丹赶到前线，拿着望远镜，观察了很长时间，发现敌人防守比较薄弱的寨子南崖上，有被雨水冲刷出的笔直的小水槽，可以慢慢爬上人去。

于是，刘志丹命令红84师第1团团长贺晋年带人组成"奋勇突击队"，顺着水槽攀上绝壁，一举突破成功，全歼守敌。

紧接着，刘志丹又集中陕甘红军4个团的优势兵力，北上远距离奔袭靖边县城，6月28日，经过了五六个小时的攻城激战，全歼守敌600多人。保安县守敌1个营自知无力与红军对抗，仓皇弃城而逃。红军不费一枪一弹，解放了陕北第6座县城——保安。7月17日，刘志丹又令红军主力乘敌人外出抢劫之际，在绥德老君殿全歼高桂滋部1个营，击溃2个营。至此，国民党军的第二次"围剿"被彻底粉碎。

第二次反"围剿"共歼敌正规军及民团3000余人，解放陕北6座县城，使陕北、陕甘边两块苏区连成一片，范围扩大到北起长城，南到淳耀，西接环县，东临黄河的广大地区，在20多个县建立起工农政权，游击区扩展到30多个县，主力红军发展到5000多人，游击队发展到4000多人，面积3万平方公里、人口90余万的陕甘（西北）革命根据地已经形成。

就在陕甘（西北）根据地第二次反"围剿"接连取胜之际，党中央率中央红军长征到达川西地区，有北上陕甘迹象。

这一下，蒋介石着急了，1935年7月调集东北军和陕西、甘肃等5省军阀部队近10万人开始第三次"围剿"。

刘志丹分析认为，敌人大军调动，受交通运输、粮秣供应的限制，行动定会迟缓。所以决定趁敌人部署尚未就绪之时，集中红军主力，先发制人，各个击破，决定首先打击东线的晋绥军。

8月初，红军主力挥师东进，悄悄插到吴堡地区，攻占县城以北慕家塬，歼敌600多人，首战告捷。随后迅速秘密进至绥德城东新庄一带隐蔽集结。

在东距黄河20多公里的陕北群山中间，有一座小镇，名叫定仙墕。站在制高点向四周眺望，可以看到山岭起伏、沟壑连绵。1935 年 8 月，刘志丹率陕甘红军在这里设伏，先是把国民党的地方部队围困在这里，待从山西派出晋绥军 1 个团前来解围时，又将其包围在黑圪崂，经过 3 个多小时的激战，消灭该团 2000 多人，击落国民党军飞机 1 架，俘敌飞行员。定仙墕大捷，狠狠地打击了晋绥军锐气，晋军从此撤回山西。

此前，红 25 军、中央红军、红四方面军等主力红军，因为反"围剿"作战的失败，先后离开根据地，进行战略转移，开始长征。而这时的陕甘红军在刘志丹等人的领导下，在当地人民群众的支持下，充分利用西北的地理自然条件，实施灵活机动的战略战术，使得陕甘（西北）革命根据地多次粉碎国民党军"围剿"，成为土地革命战争后期仅存的红色根据地。为后来红 25 军、中央红军、红二和红四方面军最终全部汇聚西北地区，成为中国革命的大本营奠定了基础。陕甘（西北）革命根据地历史性地成了红军长征的落脚点，八路军走上抗战前线的出发点。

05

奠基"大本营"
未捷身先陨

会师永坪

延川县永坪镇广场，建有这样一座雕塑，鲜红的军旗下，花岗岩勾勒出两支坚强刚毅的红军队伍，尽管衣衫褴褛，但久别重逢的喜悦与激动浮现在每一个战士脸上。队伍中央，两双大手紧紧地握在一起，定格了一个激动人心的时刻：1935年9月16日，鄂豫皖苏区的红25军与陕甘苏区的红军胜利会师。

早在1935年1月，刘志丹指挥红军骑兵南下穿过子午岭，跨过西（安）兰（州）公路，远距离奔袭长武，全歼敌守城自卫团，切断西兰公路。此战，在陕甘两省引起强烈反响。《大公报》报道，陕甘边区的红军"攻曲子，陷长武，陇东震动"。山西《晋阳日报》报道："共匪刘志丹红军五万余人进攻长武。"党中央和中央红军长征到达哈达铺后，正是从这些报纸上才了解到"全陕北二十三县几尽赤化""陕北刘志丹赤匪部占领六座县城"，判断出陕甘地区有刘志丹的红军和根据地。随后，毛泽东在哈达铺党中央召开的团以上干部会议上说："我们要抗日，首先到陕北去。那里有刘志丹的红军，那里有我们的根据地。"

再说陕甘（西北）革命根据地的第三次反"围剿"，在解除了东边晋绥军的威胁后，红军移驻文安驿稍作休整，接着又集中兵力向北线敌军发动进攻。同时，刘志丹派王世泰和黄罗斌率领红26军第3团，南下富县、甘泉一带，迎头痛击南线进犯之敌，一举歼灭了东北军第101师的1个营。此后，红3团奉命回到甘泉下寺湾待命。刘志丹痛击了北线敌人后，率领红军主力回师安定县玉家湾、魏家岔一带休整，积极准备集中打击南线进犯之敌。

这时，于1934年11月开始长征、途中开辟了鄂豫陕根据地的红25军3000余人，已经强渡泾河，在徐海东、程子华的率领下，经镇原、西峰、合水，于9月初进入南梁根据地。陕甘边区苏维埃政府主席习仲勋和陕甘边区军委主席刘景范立即将这一消息报告西北工委。西北工委随即向根据地各级党组织发出紧急通知，要求马上行动起来，发动群众，筹集粮草，热烈欢迎远征而来的红25军战友。

刘志丹闻讯后十分高兴，亲自起草了《为欢迎红25军北上给各级党部的紧急通知》，还在玉家湾召开西北红军干部会议，讨论欢迎红25军的有关事项。刘志丹讲话指出，红25军到陕甘根据地是一件大喜事，革命的力量更加强大了。红25军是从鄂豫皖苏区走出来的老红军，他们带来了建设红军的经验，是我们学习的榜样，这是千载难逢的好机会，大家不要放过。两军会合后，我们要发扬艰苦奋斗、忠诚老实、密切联系群众的老传统，有好饭，要让给老大哥吃；有好房，要让给老大哥住；调什么就给什么，不能讲价钱；打仗要主动配合，缴获战利品要互相推让。总之，要照顾大局，不能有本位主义。

9月15日，红25军在陕甘根据地党、政、军机关干部和群众的夹道欢迎下，到达延川县永坪镇。会师街六七公里长的道路两旁，整整齐齐地排满了欢迎的人群，到处都贴了"欢迎红25军老大哥"等标语。9月16日，红25军与刘志丹率领的红26、红27军胜利会师。西北工委举行了隆重的会师庆祝大会，刘志丹、徐海东等部队领导和根据地的农会、游击队、妇女等各界代表都发表了热情洋溢的讲话。两支部队官兵也进行了相互交流、互赠礼物。刘志丹把500多人的军部直属少年先锋营、唯一的机炮连和60多挺轻重机枪及弹药赠送给红25军。

一首陕北民歌唱道："一杆杆红旗空中飘，红25军上来了。来到陕甘洛河川，劳动百姓好喜欢。"陕甘党组织和人民群众的热情，使艰苦转战的红25军重新感受到根据地的温暖。

后来曾担任中央军委副主席的刘华清当年是

奠基"大本营" 未捷身先陨 123

红25军的宣传科科长，对永坪会师他曾这样回忆：长征北上以来，我们一直在饥寒交迫中跋涉，在生死存亡中拼杀。现在突然看到这种充满亲情的场面，心里格外温暖，有种终于回到亲人怀抱的感觉，只想流泪。

红25军到达永坪后，中共北方局代表朱理治、中共上海中央局派驻陕北代表聂洪钧与红25军政委程子华，组成了中央派驻西北代表团。

9月17日，在三人"中央代表团"的主持下，召开中共西北工委、鄂豫陕省委和军队主要领导人联席会议，决定联合组成中共陕甘晋省委，由朱理治任省委书记，郭洪涛任副书记；改组西北军委，聂洪钧任主席；将红25、红26和红27军合编为中国工农红军第十五军团，徐海东任军团长，程子华任政委，刘志丹任副军团长兼参谋长，高岗任政治部主任。军团辖3个师，即红25军改编为75师，红26军改编为78师，红27军改编为81师，共7000余人。

在这个联席会上，受"左"倾教条主义影响，刘志丹被排斥在新的省委和军委领导之外。但刘志丹没有为此进行表白和申辩，而是一如既往地全力支持徐海东、程子华等人的工作，全身心地投入战斗筹划和指挥中。

在此前后，刘志丹还组织西北红军的干部到红25军参观，虚心学习红25军的建军经验和战斗作风。在徐海东、刘志丹等人的领导下，红十五军团全体指战员，情同兄弟，亲密无间，英勇地投入反"围剿"战斗。

伏击劳山

红十五军团组成后，随即展开反对国民党军对陕甘苏区第三次"围剿"的斗争。

当时的形势是，东北军有7个师分成两路向陕北进攻。敌第110、第129师已经于9月中旬进入延安，其余的也开进到洛川、富县、庆阳一带。红十五军团决定趁这部分东北军立足未稳，调虎离山、围点打援予以歼灭。9月下旬，军团主力经过 3 天的急行军，绕过延安南下，到达甘泉以西王家坪一带待机。计划以红 81 师 1 个团围攻甘泉县城，因该城内储存有敌 2 个师的冬装及大量生活物资，判断敌第 110 师会立即赶往救援。

有陕北活地图之称的刘志丹，为红军选择了一个理想的伏击地域——劳山。劳山是延安的南大门，也是延安至甘泉的必经之地。这里两面临山，中间是一条公路，把延安和甘泉连在一起。路两旁是连绵起伏的山岭，山上森林密布，十分便于埋伏，好似一条天然的大口袋。徐海东和刘志丹带领团以上干部到劳山附近观察地形时，当即就决定在劳山设伏，袋口设在劳山以北的九沿山，袋底设在甘泉城北侧的清凉山。从袋口到袋底约 20 公里，命令红 75 师待敌全部通过九沿山后，扎死口袋，在派出警戒部队的同时，还派出迂回部队在敌人后面跟进。以口袋底战斗打响为号，前堵后赶，左右夹击，把敌 110 师消灭在口袋里。

9 月 28 日，红 81 师 243 团包围甘泉县城。29 日清晨，伏击部队进入阵地。军团部规定：每人带 3 天的干粮进入埋伏地区，不准生火，不准暴露目标，没有命令不准开枪。军团领导的指挥位置设在口袋底的清凉山上，这里南距甘泉县城直线约1公里，向南可以俯视甘泉县城，向北可以观察整个战场，便于指挥全局。这也是战斗首先打响的地方，是劳山伏击战的关键地点。部队埋伏了两天两夜，徐海东、刘志丹均到前线指挥，他们白天观察敌情，晚上查看部队，眼睛都熬红了。

在焦急和不安中终于等到10月1日，敌第110师在师长何立中率领下，从延安出发沿公路向甘泉增援。途中留1个团在三十里铺作接应，以两个团沿公路向南搜索前进。何立中原以为我军会在地势险要的九沿山打埋伏，其实我少数部队只在九沿山上放了几枪就撤了。敌人在周围搜索了一下，即放心前进。过了九沿山，何立中认为已过险境，命令2路纵队变4路纵队，加速前进。这样，公路上黑压压地挤成一片。敌前卫距甘泉县城约2公里处时，其尖兵即抢占右侧高地。当敌尖兵离我指挥部埋伏的山头约20米的时候，指挥部下达开火命令，红军一排手榴弹把敌人打了下去。红81师师长贺晋年带领部队冲入敌群，追得敌人直往山下跑。我军堵住敌人前进的道路，红75师第223、第225团，红78师和骑兵团，奋勇向敌群发起冲击，各种火器一齐开火，打得敌人乱成一团。

战斗大约从下午2时打响，到晚上8时之前结束，经过5个多小时的激战，击毙敌师长何立中以下千余人，歼敌两个团及师直属队，缴获长短枪3000多支，机枪180多挺，炮12门，战马300余匹，电台1部。

劳山伏击战是红十五军团成立后的第一仗，曾被誉为"直罗镇战役的前奏"。它成功地运用"围城打援"的战法，由于准确地分析敌情，巧妙地选择阵地，周密地部署兵力，适时实施勇猛打击，因而以极小的代价，换取了较大的胜利。初战大捷，极大地振奋了红军指战员的士气。

10月5日，中央驻西北代表团、陕甘晋省委、西北军委等领导机关，从永坪镇移驻瓦窑堡。接着，徐海东又指挥红军乘胜进军，于10月25日向东北军第107师驻守榆林桥的1个团发起强攻，歼敌4个营，擒敌团长以下1800余人，缴获长短枪1300余支，机枪120余挺，炮8门。连续的胜利，不仅使红 25 军部队得以喘息，战役中的大量缴获也使得新组建的红十五军团的武器装备得到改善，被服给养得到补充。至此，东北军的精锐部队第 67 军将近一半被歼，南线敌军发起的"围剿"攻势基本被粉碎，西北战场的局势开始出现扭转。

刘志丹从缴获的敌军文件中得知，毛泽东率领的中央红军已经行进到甘肃南部的通渭、静宁地区，有向陕甘边行动的迹象。为此，他非常高兴，立即建议部队马上西出庆阳、环县一带，准备迎接中央红军的到来，并将这一计划报告陕甘晋省委。

然而，红军指战员们还没来得及品尝胜利的喜悦，西北的天空突然乌云翻滚，狂风骤起，陕甘（西北）革命根据地搞起错误的肃反，刘志丹等原陕甘领导人被立案审查，他提出的红十五军团西出庆阳的建议也被否决了。

在这个严重关头，刘志丹怀着对党的无限信赖和忠诚，坚持对革命事业高度负责的精神，以惊人的冷静态度，与"左"倾路线进行坚决的斗争，维护了红十五军团的团结。

11 月初，由红一方面军第 1、第 3 军和军委纵队改编的中国工农红军陕甘支队，长征到达甘泉地区，同红十五军团会师，开创了中国苏维埃运动的一个伟大胜利，成为"西北革命运动大开展的号炮，它将为开展西北苏维埃运动大局面、赤化全中国打下巩固的基础"。

11月20日，红军发起直罗镇战役。毛泽东在北山吴家台北端高地设指挥所，直接观察战场情况，指挥红一、红十五军团作战，提出"这一仗要的是歼灭战"。24日，直罗镇残敌在突围中被全歼，直罗镇战役结束，歼敌57军1个师又1个团，毙伤俘敌6300余人，缴枪3500余支，打破了国民党反动派对陕甘苏区的第三次"围剿"，巩固了陕甘苏区，为中共中央把革命的大本营放在西北举行了一个奠基礼。

蒙冤被"肃反"

就在红军浴血奋战、正在紧张进行劳山战役

的同时，陕北党内的"左"倾机会主义路线执行者却开始了对红26、红27军的肃反。他们把党内的原则斗争发展成为党外对敌斗争，造成一边反"围剿"激战正酣，一边执行正确路线的领导干部被大肆逮捕和杀害，给革命造成不可挽回的巨大损失。

一天，刘志丹正和前线指挥部的同志们研究作战部署时，突然接到要他去瓦窑堡的通知，便抓紧安排工作："希望大家再注意两点：一是对敌军要加强政治攻势，比如与张学良的东北军作战，就要加强阵地喊话，向他们宣传抗日。……二是要注意战士们的情绪，眼下斗争很复杂，要特别注意和红25军的团结。准备迎接中央红军和毛主席的到来。只要党中央和毛主席来了，一切事情就好办了。"

刘志丹安排完毕，便和通信员一起飞身上马，向瓦窑堡赶去。当走到安塞县高桥川时，突然，迎面一匹战马飞奔而来。来人认识刘志丹，立刻下马敬礼，递上一封信，说："这是给军团部的命令急件。"

刘志丹接过后，拆开一看，原来是陕甘晋省委保卫局决定逮捕他的命令和一张名单，第1名就是他，后面还有许多同他一起出生入死闹革命的战友。他心里不由得想道："看来是真的要对我下手了。"随即又冷静了下来，将信塞进信封，交还给送信的同志，说："这是给军团部的，你就送到军团部吧。同时告诉他们，我已经到瓦窑堡去了。"

等送信的人消失在视线中后，刘志丹对随行的通信员说："我看你也不必跟我去了，回前线去吧，那里更需要人。""告诉大家，一定要搞好团结，服从领导，全力粉碎敌人的'围剿'，千万要顾全大局，不能闹分裂。"说完，打马向瓦窑堡赶去。

原来，陕北党内执行"左"倾路线的当权者，觉得在瓦窑堡逮捕刘志丹影响太大，怕引起民愤，就下令给红十五军团保卫处，让他们在前线把刘志丹逮捕起来。可是，送信的同志却不知道送的是逮捕刘志丹的命令，就把信交给了刘志丹。

刘志丹的心潮起伏跌宕，如果先回部队商量一下，待形势发生变化，自己还是有避免牢狱之灾的机会。但是，他考虑到党的利益，考虑到红军的团结，考虑到反"围剿"斗争的胜败，更不能因自己的事情牵扯前线将士们的心思，从而给敌人以可乘之机。于是凭着他对革命事业无比忠贞的气节，凭着对党的一片赤胆忠心，最终选择了不顾个人的安危，只身一人赶赴瓦窑堡。

可是陕甘晋省委保卫局却不容刘志丹分辩，立即将其逮捕，撤销了一切职务，并封锁了刘志丹被捕的消息。他们将刘志丹关进监狱，准备杀害。

然而，乌云遮不住阳光，刘志丹被捕的消息，很快在陕甘革命根据地传开。人们无不震惊，都纷纷要找当权者理论，要去看望刘志丹。许多和刘志丹一起南征北战的红军干部、各县的军事部部长，都牵挂着老刘的安全，纷纷赶到瓦窑堡，要求看望刘志丹。没有几天工夫，在瓦窑堡就聚集了几百名干部群众，他们联名上书，要求见刘志丹。当权者看到不满的人群，很是害怕，只得从牢房里放出刘志丹和大家见面。

清秀的老刘更加消瘦了，他仍像往常一样向人们挥挥手，对大家说："我没事，一切都好，你们一定要顾全大局，坚守自己的战斗岗位，加强红军团结，坚决粉碎敌人的'围剿'，用战斗的胜利迎接中央红军的到来！至于我们内部的事情，不要着急，中央来了就会得到解决……"

大家听着刘志丹的话，都为他坚强的党性、无限的忠诚和坚定的信仰所感动，一个个都流下了热泪。人们都说："老刘的党性坚如钢，度量大如海，处处想的都是党的事业啊！"

1935 年 10 月 19 日，毛泽东等领导人率领陕甘支队第 1 纵队，经过二万五千里长征，胜利到达陕甘苏区保安县的吴起镇。

毛泽东到达吴起镇的当天晚上，就和周恩来一起到群众中了解情况。在吴起镇期间，还会见了红十五军团前来联系的同志，并给徐海东、程子华写信，感谢在陕北坚持战斗的红十五军团的同志，并向全军团同志表示慰问。当了解到陕北肃反扩大化和刘志丹等人被扣押的情况后，毛泽东立即下令停止逮捕、停止审查、停止杀人，一切听候中央到来后解决。同时，派人代表党中央前往瓦窑堡，传达中央要保障刘志丹等同志安全的指示，令王首道接管陕甘晋省委保卫局。当人们知道这个消息后，都高兴地说："毛主席一来，形势马上就变了！"

11月初，中共中央率领陕甘支队，在甘泉的下寺湾、富县的羊泉镇和红十五军团胜利会师。

11月3日，中华苏维埃共和国中央政府决定成立中国工农红军西北革命军事委员会，毛泽东任主席，周恩来、彭德怀任副主席。同日，西北军委决定恢复红一方面军番号，下辖由陕甘支队改编的红一军团和红十五军团，全军共1万余人。11月7日，中共中央机关到达陕甘根据地的中心瓦窑堡，对肃反进行了调查。30日，召开平反大会，宣读《中央西北局审查肃反工作的决定》，当场宣布刘志丹、习仲勋等同志无罪。

受迫害的同志个个义愤填膺，纷纷要求党中央严肃查处错误肃反的主持者。但是刘志丹在这个时候，反而一再劝慰大家，要以大局为重，团结一致共同对敌。他说，党内历史问题不必性急，要相信党中央会分清是非，作出正确结论；我们要正确对待，要在实践中证明自己是坚定的革命者。

红日终于驱散迷雾，人们心头再次洒满灿烂的阳光。刘志丹被释放的喜讯，像长了翅膀一样瞬时传遍整个陕甘根据地，人们欢呼毛主席挽救了陕甘根据地，挽救了刘志丹。

终见毛主席

庆祝直罗镇歼灭战伟大胜利的锣鼓声刚刚停息，紧接着又传来党中央、毛泽东要到瓦窑堡的喜讯。

陕西省苏维埃政府的机关干部、各界人士和市民，一连几天都在忙碌着，清扫街道，粘贴标语，做彩色小旗……准备欢迎毛主席的到来。

1935 年 12 月 13 日中午，瓦窑堡城墙上的大钟"当当当"地响起。人们闻讯从四面八方涌向了集合场地。宽阔的广场上人山人海，红旗飘扬，锣鼓喧天，歌声嘹亮。

大家排好队伍以后，在省苏维埃政府人员的带领下，出西城门等候。大路两旁，欢迎的人群黑压压地排了几公里长，大家共同凝望着西方。

只见毛泽东迈着矫健的步伐走来，不停地向欢迎的群众招手。留着长胡子的周恩来，紧跟在毛泽东身后，精神饱满，看起来十分英武。顿时，欢呼声、锣鼓声和人们的鼓掌声震动山谷。人们的心情无比激动，一遍遍地高呼："热烈欢迎毛主席！""热烈欢迎中央红军！"

毛泽东、周恩来从前线来到瓦窑堡后，亲切接见了刘志丹。刘志丹首先见到的是周恩来。

原来刘志丹被释放后，周恩来根据毛泽东的指示，做了大量的工作，并代表党中央和毛泽东首先跟刘志丹谈了话。刘志丹见到周恩来，非常激动地说："周副主席，我是黄埔第4期的，是您的学生。"周恩来亲切地说："我知道，我们是战友，你在陕北的情况我知道一些，你们工作的成绩很大，毛主席一到陕北就称赞了你们的工作！"在谈话中，刘志丹对党中央非常尊重，一再表示要跟着党中央、毛泽东革命到底。随后，周恩来告诉刘志丹一个喜讯——毛泽东要接见他。

刘志丹听到这个消息，激动的泪花湿润了眼睛。他从黄埔军校时起就想见到毛泽东，这么多年的夙愿马上就要实现了，怎能不激动呀！他赶忙收拾了一番，来到中央军委驻地。

当周恩来领着刘志丹来到毛泽东住的砖窑时，毛泽东已迈着大步从窑里走了出来。周恩来紧走一步上前，指着毛泽东对刘志丹说："这是毛主席！"又指着刘志丹对毛泽东说："他是刘志丹同志！"

刘志丹向前走了一步，正了一下衣服，立正给毛泽东敬了军礼。毛泽东一把拉住刘志丹的手，刘志丹也紧紧握住毛泽东的手，禁不住热泪盈眶，激动地说："主席，我们很久就盼望你，终于在陕甘根据地生死存亡的紧急关头，盼来了主席和党中央。是党中央和主席救了我们，救了根据地！"

毛泽东说："是你们创造和保存了这块根据地，才使党中央有了落脚点。不然的话，我们还不知道要到哪里去落脚哩！"他看着刘志丹消瘦的身体，说："冷吧！快回窑洞里坐，里面有火。"

回到窑洞里，毛泽东让刘志丹和周恩来坐下后，看着刘志丹亲切地安慰道："你和陕北的同志们受苦、受委屈了。"

刘志丹赶忙回答："中央来了，今后的事情就都好办了。"

周恩来指着刘志丹脚脖子上被脚镣勒出的伤痕说："还是吃了点亏。"

刘志丹看着毛泽东、周恩来因经过长途行军，加上工作繁忙，身体都很消瘦，十分关心地说："我挺好的。主席、副主席的身体都吃了很大亏，陕北的条件又不好……"

毛泽东说："陕北地方穷，穷则思变，要革命。李自成、张献忠就是从这儿闹起革命的。其实，这里群众基础好，地理条件也好，搞革命可是个好地方呀！你们在这儿不是搞得很不错吗！周副主席一到陕北就赞扬你们。"

刘志丹说："我们做的事太少了，开始走了不少弯路，失败了许多次。在有了许多教训的基础上，才做得好一些。"

接着，毛泽东、周恩来详细地询问了陕北的革命建设情况，刘志丹一一作了汇报。

会见结束时，毛泽东把刘志丹送到门口，刘志丹再次向毛泽东行了军礼，久久不愿离开。走出毛泽东住的砖窑，刘志丹感到全身充满了用不完

的力量。

此后，刘志丹被任命为西北革命军事委员会后方办事处副主任（周恩来兼任主任）兼中央所在地瓦窑堡警备司令。在他的教育和影响下，许多受迫害同志不计个人恩怨、得失，仍一如既往地勤奋工作。西北红军和中央红军团结得亲密无间。周恩来曾经赞扬说：刘志丹同志对党忠贞不二，很谦虚，最守纪律，他是一个真正具有共产主义品质的共产党员。

东征，东征

1935年11月13日，中共中央发表《为日本帝国主义并吞华北及蒋介石出卖华北出卖中国宣言》，指出中国工农红军到达陕北，"将开始以中国工农红军为主力的民族革命战争的新的历史阶段"，"一切抗日反蒋的中国人民与武装队伍，不论他们的党派、信仰、性别、职业、年龄有如何的不同，都应该联合起来，为打倒日本帝国主义与蒋介石国民党而血战"。1935 年 12 月 17 日至 25 日，中央政治局在瓦窑堡召开会议，通过《中央关于军事战略问题的决议》，明确提出党的总任务是"以坚决的民族战争反抗日本帝国主义进攻中国"；党的战略方针是"把国内战争同民族战争结合起来"；1936 年应"准备直接对日作战的力量"，"猛烈扩大红军"。

为了贯彻上述方针任务，并以实际行动表示红军抗日决心，中共中央决定红一方面军以中国人民红军抗日先锋军的名义东征。

12 月 24 日，毛泽东、周恩来发电下达准备东征的行动计划，明确以 40 天为期限，完成渡黄河东征的准备工作……在北线和南线分别组建红 28 军、红 29 军。1935 年年底，中国工农红军第 28 军成立，刘志丹任军长，宋任穷任政委。

红 28 军成立不久，中央临时组建北路军，任命刘志丹为总指挥，宋任穷为政委。北路军除红 28 军外，还有由红 26 军改编的红 78 师和陕北骑兵团，任务是向吴家坡、响水、横山一带挺进，配合红军主力打退国民党反动军队对陕甘根据地的"围剿"，牵制北线敌人，相机消灭敌人有生力量，扩大红军影响。北路军虽然组建时间不长，但在刘志丹的率领下屡获战果，打击了敌人的气焰。完成任务后，各部队归建，准备接受新的任务。

1936年2月17日，中华苏维埃人民共和国中央政府、中国工农红军革命军事委员会发布《东征宣言》。红军主力改编成中国人民红军抗日先锋军，由彭德怀任司令员，毛泽东任政委，下辖红一、红十五军团和红28、红30军。按照中央的计划，红一军团和红十五军团，从清涧一带渡过黄河，红28军的任务是进军神府地区。从佳县以北渡河，楔入晋西地带，牵制和打击敌人。

2月20日，毛泽东和彭德怀率领红军东渡黄河，进入山西抗日前线。当时天气非常寒冷，时常刮起凛冽的西北风，裹挟着纷纷扬扬的大雪片。而在东征路上的刘志丹，仍只盖着一床黑底蓝花的粗布旧被子，这还是在陕北打土豪时同志们硬分给他的。大家多次要给他换一床新的，但他坚决不同意。

东征出发前，刘志丹与妻子同桂荣夜夜长谈，好像要把自己的心思全讲出来。刘志丹说："我爱父母和乡亲，我爱祖国的一山一水、一草一木；我愤恨卖国贼，我愤恨堕落的政府，我痛惜中国人民深受苦难。我因此才走上革命道路的"，"我要生而益民，死而谢民"。刘志丹还特别郑重地嘱托妻子："我这次上前线，是再次去为我的信念而奋斗，又一次表白我对国家、对人民、对党的忠诚，为救国救民我可以贡献出一切。这一去时间可能很长，战斗也一定很残酷的。过去我对你和孩子关心得不够，你要谅解。"

2月下旬，红28军在周恩来的直接领导下，奉命北上神木、府谷，力求打通陕北苏区和神府苏区，使之连成一片，巩固和扩大神府革命根据地，策应主力红军东征。

当红28军进军到米脂地界时，中央来电要周恩来速回瓦窑堡，和东北军商谈建立统一战线的事情。刘志丹依依不舍地送别周恩来，几次吩咐护送的队伍，一定要保证周恩来的安全。

之后，红28军继续北上。红28军的指战员心里都清楚，此行约有300公里，以前从未打通过，特别是自去年9月肃反之后，阎锡山部过河来捡便宜，井岳秀、高桂芝又占了苏区许多地方，再加上红28军是单独的一路征战部队，要长驱直入神府，就要不停地挥戈征战，攻克一个又一个敌人的据点，开辟新区。

短短的1个多月时间，刘志丹指挥红28军屡挫敌人，迅速向北挺进，一路东征，战事不断，先后攻克清涧、绥德、米脂、吴堡等10多个重要城镇，胜利地进入神府苏区，将神府苏区和陕北苏区连成一片。

红28军浩浩荡荡地北上，沿路的百姓听到刘志丹率领红军经过，都扶老携幼走到路旁等着欢迎红军。这时正值农历正月，群众有的拿着红枣馍馍、鸡蛋挂面，有的抱着又红又大的南瓜，有的把供奉财神爷的枣山馍馍也拿来慰问红军。

一天，队伍行进到神木和佳县之间的一个村庄宿营，刘志丹看到路旁有百姓欢迎时，他就远远地下了马，微笑着走到群众跟前，嘘寒问暖，向欢迎的人群一一答谢。刘志丹来到村里王老汉家慰问了解情况时，村里男男女女、老老少少一下子都拥来了，挤得严严实实的。

刘志丹高兴地向大家讲党中央和毛泽东到达陕北后的大好形势，讲毛泽东领导红军打胜仗的喜讯，窑洞里满是欢快的气氛。

当大家一片欢声笑语时，忽然从门口传来了一个十分亲昵的声音："你们快闪开点，让我'看看'咱们的老刘！"

大家回头一看，原来是村里一位双目失明的老大娘，已经70多岁了，拄着拐棍，由孙女搀扶着，颤颤巍巍地从门外走进来，手里还提着一篮子大红枣。

大家都自觉地给大娘让开一条路，有人开着玩笑说："大娘，你看不见，怎么'看'老刘呀？"

大娘说："我看不见，还不会摸呀！"说着就伸出手，"咱们的老刘在哪里？咱们的老刘在哪里？快让我摸摸你呀！"

刘志丹赶忙走到大娘跟前，扶住大娘，亲切地说："大娘，我在这里。"

大娘把那篮子红枣递到刘志丹面前，深情地说："老刘，这是大娘叫孙女在枣树上一颗一颗挑选的好枣。听说你累得不轻，红枣能补身子。"

刘志丹接住红枣，激动地说："大娘，你岁数大了，要好好注意身体，红枣留着你自己吃吧，在共产党的领导下，今后会有好日子过呀！"

大娘眼眶里也噙满了泪花。她非叫老刘把红枣收下不可，刘志丹只好收下，大娘这才高兴地把拐棍递给孙女，双手轻轻地抚摸着刘志丹。她从刘志丹的头顶摸到脚底，又从脚下摸到头顶，高兴地说："好哇，好哇，真是咱们穷人的贴心人啊！"

周恩来知道这件事后，十分高兴，赞扬说："刘志丹在陕甘人民中很得人心，确实是群众的领袖。我们的军队和群众的关系，就应该是这样的鱼水关系。"

血洒三交镇

毛泽东率领东征部队渡过黄河以后，由晋西分兵两路向东挺进。正当勇士们突破敌人的一道道防线，逼近同浦路时，阎锡山急忙调兵堵截，阻止红军开往抗日前线。3月底，党中央电令红28军从佳县以北东渡黄河，突破阎锡山在罗峪口和黑峪口之间的沿河防线，插入晋西北地区，配合红十五军团迅速打通奔赴抗日前线的道路。

刘志丹接到中央的命令后，和宋任穷立即作了一番研究，指挥部队迅速打下黄河西岸的沙峁头，在宋家川一带展开渡河的各项准备工作。

当地一位老大爷告诉刘志丹："黄河有三不过，即春汛不过，凌汛不过，夏汛不过。现在春汛快要到了，若是上面河套一解冻，房子大的冰块顺着河往下拥，我们的船一下水就有被撞坏的危险。"

"噢！那就要在春汛之前过河！"刘志丹果断决定提前打过河去。

为了查清对岸的敌情，刘志丹和宋任穷经常攀登到天台山上，拿着望远镜观察罗峪口的动静。经过多次侦察，最后选在罗峪口西北方的河面渡河。那里虽然山陡河窄、水流湍急，但正是敌人疏忽防守的地方。

船只与船夫是渡河的关键。这里的船都被阎

锡山抢到黄河以东去了，群众藏起来的 3 只小船，还是破的。经过到处寻找，又找到 2 只小船，也是破烂不堪。现在唯一的办法就是赶快把仅有的 5 只小船修补起来。可是按照通常的情况，要修好这 5 只船，最少也得半个多月。然而时间不等人，船必须在三五天内修好。刘志丹放心不下，一头扎到了修船现场，终于只用了两天三夜，就把船只全部修理好了。

渡河战斗在拂晓前发起，红 28 军参谋长唐延杰指挥第 1 团 1 连首先开船，他自己也随第 1 批部队赶到前线去了。敌人以为这时红军主力不会由此渡河，戒备十分松懈，当第 1 批船快抵达对岸时才发现，顿时机枪、迫击炮响成一片，密集的子弹带着火光和啸声，不断地向红军渡河的地方射来。

很快，刘志丹也跳上船和战士们一起冒着炮火过河了。在对面山上，刘志丹指挥部队居高临下直捣敌人指挥部，很快守军就土崩瓦解，纷纷缴械投降。当太阳照射到波浪滔滔的黄河上时，战斗已经胜利结束。3 月 31 日，刘志丹指挥红 28 军全部渡过黄河。

随后，红 28 军从黑峪口、兴县城、康宁镇一带横扫过去，所向披靡，打得担负阻击任务的阎锡山部队狼狈逃窜。红 28 军连战连胜，牵制和调动了大量敌人，有力地配合了东征红军主力作战。

紧张的工作、频繁的战斗，使刘志丹原来就显得消瘦的身体更加瘦弱了。但是，他的精力还是那么充沛，斗志还是那么昂扬，他常向指战员们说："我们现在是在毛主席的直接领导下作战，这是我们最大的幸福和光荣。我们要虚心向中央红军老大哥学习，多打胜仗。我们的每一个战斗，每一个行动，都要从东征的全局出发。"当部队进军到临县白文镇时，为了和红十五军团协调作战，刘志丹更是异常忙碌，常去和徐海东、程子华等军团领导商讨工作，心胸十分开阔，态度十分谦虚，给大家留下了很深的印象。

4 月 13 日，军委电令红 28 军相机消灭三交镇（今属柳林县）、转角、辛关、义牌一带之敌，恢复黄河交通。并特别强调，应于今晚袭击三交而占领之。

刘志丹拿着电报，心情特别激动。他对大家说："我们越向南就离毛主席和中央红军越近了！我们全军一定要团结一心，英勇战斗坚决打好攻占三交镇这一仗，向毛主席献礼！"

刘志丹立即带领部队出发。一到三交镇，刘志丹就照例带人到周围山上观察地形去了。

到了山顶上，刘志丹拿着望远镜，对三交镇周围的每一座山、每一条河、每一条道路、每一个村庄，都详细地观察，一一作了记录。事后，又找来当地群众，详细询问了解情况。警卫员几次给他送来的饭，他都忘记了吃，终于制定好了战斗方案。

4月13日晚上，攻打三交镇的战斗打响了。指挥部的参谋们都叫刘志丹去休息一会儿，但他却说："我有一个习惯，只要枪声一响，马上就没有了困意。"说着，又拿起了铅笔，一会儿在地图上做标记，一会儿在屋内来回走动，一会儿侧耳倾听屋外传来的枪声，仿佛要从中听出战斗进展的情况……就这样，他又是一夜未眠。

第二天也就是1936年4月14日早晨，当绚丽的朝霞染红周围山头时,英勇的红军战士已经占领三交镇周围的大部分阵地。这时,苟延残喘的敌人,拼死困守在三交镇东北面的一座山头上。

当刘志丹得知第1团攻击不顺利时,立即与政委宋任穷商议,让宋任穷留指挥所掌握全局,自己到前线指挥战斗。他对第1团的指挥员强调:"这次战斗与河东整个红军的安危有关,要号召每个共产党员使出最顽强的毅力,狠狠打击敌人,争取战斗的胜利。"

午后,刘志丹抓起望远镜,习惯地走向前沿阵地。这时敌人集中了火力,子弹从头顶上"啾啾"地飞过,打得地上直冒烟。从声音判断,这是一挺机枪打出来的。刘志丹一点也没在意,反而风趣地说:"等会儿把那挺机枪缴过来,送给陕北游击队作礼物。"

刘志丹一口气爬上山顶,这里正好和敌人困守的那个山头相对,两山之间仅隔着一条小河,不远处就是三交镇。

刘志丹聚精会神观察着战斗的进展情况,全神贯注地指挥着部队。紧跟他一起行动的红28军特派员裴周玉，几次拉过刘志丹的衣服，让他姿势俯低一点，然而刘志丹全然不顾。就在裴周玉又一次要拉低刘志丹时，一颗子弹击中了刘志丹的胸部，只见他双手往胸前一抱，跟跄着要倒下去。裴周玉惊呼一声，扑上前去，把刘志丹扶住。

刘志丹回过头，看着快要冲上山头的红军战士，脸上露出了满意的笑容。这时，殷红的鲜血已渗出了他的棉衣。

子弹是从刘志丹的左胸部穿进去的，伤及心脏。刘志丹的脸色很快就变得蜡黄起来，呼吸也极度微弱。过了一会儿，他的神志稍微清醒一些，微微睁开眼睛，断断续续地说："不要管我……让宋政委指挥部队……赶快消灭敌人！"说完，就停止了呼吸，牺牲时年仅33岁。

噩耗传来，犹如晴天霹雳。那些曾经跟随刘志丹出生入死的战友们怎么都无法接受这个现实，手臂负伤的郭宝珊不顾劝阻一路跑到黄河渡口，一定要把他的灵柩扶回去。

红军指战员们轻轻地把刘志丹的遗体放进担架，宋任穷从警卫员手里接过刘志丹生前穿过的旧

大衣，轻轻地盖在刘志丹的遗体上，目送着战士们抬起敬爱的战友，慢慢地向山下走去，越走越远。广大红军指战员们，咬着牙根，流着泪水，攻上山头，彻底消灭了那股顽敌！

刘志丹牺牲时，衣袋里仅留下半截铅笔、两个烟头。他没有给相伴多年的妻子和6岁的女儿留下任何遗产，却给根据地军民和后代留下了宝贵的精神财富。

刘志丹牺牲后不到1个月，为避免内战，保存抗日力量，并促成抗日民族统一战线工作的开展，1936年5月初，中共中央决定红军撤回河西，结束东征。此役，红军扩充新兵约8000人，在山西10多个县开展群众工作，宣传党的抗日主张，建立起一些抗日游击队和游击区，为后来开辟抗日根据地打下了基础。

06 尾声

刘志丹牺牲后，他的遗体暂时安葬在瓦窑堡。毛泽东得知刘志丹牺牲的消息后，非常悲痛。此后，他为刘志丹题词："我到陕北只和刘志丹同志见过一面，就知道他是一个很好的共产党员。他的英勇牺牲，出于意外，但他的忠心耿耿为党为国的精神永远留在党与人民中间，不会磨灭的。"

党和人民为了纪念刘志丹，把他的出生地保安县改名为志丹县。

1943年4月，志丹陵建成，刘志丹的灵柩从瓦窑堡移至志丹县。刘志丹的妻子同桂荣、女儿刘力贞紧跟着装殓刘志丹遗体的棺木，沿途的老百姓一路上都点起香案，自发地焚香长跪。4月23日在途经延安时，党中央和陕甘宁边区政府举行了隆重的移灵与公祭仪式。

万人公祭大会上，朱德、任弼时等讲了话。毛泽东、周恩来等中央领导赠送了挽联。

朱德代表党中央和八路军讲话指出，"刘志丹是创造红军的模范"，他的"这种精神和毅力，就是建军的基本条件"，"如果有人要问共产党员是什么样子，那么就请看刘志丹同志"。

后来，毛泽东在一次干部大会上语重心长地说："一个人死了开追悼会，群众的反映怎样，这就是衡量的一个标准……刘志丹同志牺牲后，陕北的老百姓伤心得很，这说明他是真正的群众领袖。"

美国记者埃德加·斯诺在他的《红星照耀中国》一书中，这样描述刘志丹：在中国西北偏远的山区，有黄埔军校的另一名学生，名叫刘志丹，他为创建陕西、甘肃、宁夏的广大区域的苏维埃政府奠定了基础。刘志丹是现代的罗宾汉，具有当地人疾恶如仇的品格，对穷人而言，他的名字带来希望，对于地主和老财来说，他成了惩奸除恶的天鞭。

1943年5月2日，在志丹县举行公葬大典。毛泽东、朱德、周恩来等党政军领导为刘志丹题词。

毛泽东题词："群众领袖，民族英雄。"

周恩来题词："上下五千年，英雄万万千。人民的英雄，要数刘志丹。"

朱德于 1942 年 5 月为刘志丹题词："红军模范。"

陈云题词："共产党员的模范。"

林伯渠题词："长使丹心照日月，拼将热血洗乾坤。拯民卫国更忠党，史绩不刊千载存。"

这些题词，是对刘志丹一生的最好总结和最高评价。

刘志丹是当之无愧的西北革命领袖，他和战友们创建的陕甘红军，抗日战争时期改编为八路军、新四军，汇入到民族解放的历史洪流之中，它驰骋疆场，越战越强，解放战争时期，成为东北野战军和西北野战军的主力部队，为新中国的成立作出了卓越的贡献。

毛泽东曾经感慨地说："有人说陕北地瘠民贫，我说如果没有陕北，我们就下不得地。我看陕北是两点，一个是落脚点，一个是出发点。"

刘志丹、谢子长、习仲勋等老一辈革命家创

建的陕甘（西北）革命根据地，在中国革命进程中，起到了力挽狂澜的作用，是我党我军由退转进，由弱变强，从挫折走向胜利的伟大转折点。

1981年7月1日，在纪念中国共产党建党60周年大会上，党中央将刘志丹列为"早年为党为国捐躯的人民军队的杰出将领"，号召全党深切怀念。

1994年，刘志丹被中央军委确定为中国人民解放军36位军事家之一。

2009年，为纪念中华人民共和国成立60周年，中共中央宣传部等多个单位联合举办"100位为新中国成立作出突出贡献的英雄模范人物和100位新中国成立以来感动中国人物"评选活动，群众领袖、民族英雄刘志丹入选"100位为新中国成立作出突出贡献的英雄模范人物"。

2013年2月4日，习近平在原兰州军区视察时首次提出"红色基因"，指出西北地区红色资源丰富，是延安精神的发源地，要发扬红色资源优势，深入进行党史军史和优良传统教育，把"红色基因"一代代传下去。

2014 年 4 月 29 日，习近平视察前身是创建于陕甘边革命根据地的红军部队的新疆军区某红军师，叮嘱官兵要发扬光荣传统，永葆老红军政治本色。

忠贞救国心耿耿，尽瘁为民意款款。刘志丹一生热爱人民，密切联系群众，与劳苦大众心连心。人民也永远怀念这位把自己的一生都献给共产主义事业的英雄，这首歌颂刘志丹的信天游已成了广为传唱的经典：

正月里来是新年，陕北出了个刘志丹；刘志丹来是清官，他带上队伍上横山，人人都称赞……

后 记

　　历史刻骨铭心，先烈永远不能忘记。尽管今天战火已熄，硝烟已散，英雄已逝，但革命先烈留下的宝贵精神财富，像炽热的火焰一样，仍在熊熊燃烧。

　　再忆刘志丹，"追求真理，救国救民"，是他一生的夙愿；"加入党，就要为共产主义信仰奋斗到底。作为个人来说，奋斗到底就是奋斗到死"，是他入党的誓言；"生而益民，死而谢民"，是他矢志不渝的人生理想。如同刘志丹一样千千万万个共产党人的初心，就是对共产主义理想的坚定信仰，就是对党和人民事业的永远忠诚，就是为中国人民谋幸福，为中华民族谋复兴。记住先烈，最重要的就是不忘初心，继续高举起这面革命的旗帜向前走。

本书是在前人研究成果的基础上，从刘志丹平凡而伟大的一生中选取了一些最具代表性的英雄事迹，结合中国革命发展历程和英雄烈士光辉人生经历，在充分尊重史实的前提下，汇编成系列故事，力求在宏大历史潮流中写好人民的英雄，用感人的故事传递英雄伟大的精神。在编写过程中，得到军事科学院军队政治工作研究院领导、机关的大力支持，赵一平、邓礼峰、张明金、康月田、李博、陈政举、潘宏、褚银等多位军史专家进行了审读，提出了宝贵的意见。

主要参考的书籍和资料有：《刘志丹传》（白黎著 / 解放军出版社）、"中共党史人物传"《刘志丹》（李振民、张守宪编著 / 中共党史出版社）、大型文献纪录片《人民英雄刘志丹》（中央文献音像出版社）、《纪念刘志丹》（中共甘肃省委编 / 中共党史出版社）、《刘志丹纪念文集》（刘志丹纪念文集编委会编 / 军事科学出版社）《刘志丹的故事》（马骆编著 / 中国社会出版社）、"100位为新中国成立作出突出贡献的英雄模范人物"《刘志丹》（孙英、吕青编著 / 吉林出版集团、吉林出版社）《刘志丹》

（小丽编著／二十一世纪出版社）、《刘志丹》（支山水编著／天津人民出版社）。

　　在此，谨向关心和帮助此书编写的各位领导、各位专家学者，以及上述书刊的作者、编辑致以最诚挚的谢意！

图书在版编目（CIP）数据

刘志丹 / 军事科学院解放军党史军史研究中心编著
. --北京：学习出版社，2020.9（2022.9重印）
（中华先烈人物故事汇）
ISBN 978-7-5147-1005-2

Ⅰ.①刘… Ⅱ.①军… Ⅲ.①刘志丹（1903-1936）—
传记 Ⅳ.①K827=6

中国版本图书馆CIP数据核字（2020）第148133号

刘志丹
LIU ZHIDAN

军事科学院解放军党史军史研究中心

责任编辑：刘玉芬　　　　封面绘画：刘书移
技术编辑：周媛卿　朱宝娟　内文插图：韩新维
美术编辑：杨　洪

出版发行：学习出版社
　　　　　北京市东城区崇外大街11号新成文化大厦B座11层
　　　　　（100062）
　　　　　010-66063020　010-66061634　010-66061646
网　　址：http://www.xuexiph.cn
经　　销：新华书店
印　　刷：固安县铭成印刷有限公司

开　　本：787毫米×1092毫米　1/32
印　　张：5.375
字　　数：76千字
版次印次：2020年9月第1版　2022年9月第5次印刷

书　　号：ISBN 978-7-5147-1005-2
定　　价：21.00元

如有印装错误请与本社联系调换，电话：010-67081356